Religião, Economia e Exploração Espacial

PILARES DA NOVA ORDEM

Religião, Economia e Exploração Espacial

PILARES DA NOVA ORDEM

José Carlos de Magalhães

ALMEDINA
BRASIL

Rio de Janeiro - 2025

Religião, Economia e Exploração Espacial

Almedina Brasil é uma empresa do Grupo Editorial Alta Books (Starlin Alta Editora e Consultoria LTDA).

ISBN: 978-85-8493-8568

Impresso no Brasil - 1ª Edição, 2025 - Edição revisada conforme o Acordo Ortográfico da Língua Portuguesa de 2009.

Dados Internacionais de Catalogação na Publicação (CIP)

M188

Religião, Economia e Exploração Espacial: José Carlos de Magalhães. 1.ed. Rio de Janeiro: Almedina Brasil, 2025.

192 p; 16 x 23 cm.

ISBN 978-85-8493-8568

1. Religião e economia. 2. Exploração espacial. 3. Ética e tecnologia. 4. Política espacial. 5. Desenvolvimento econômico. 6. Filosofia da ciência. 7. Inovação. 8. Governança global. 9. Economia espacial. I. Magalhães, José Carlos de. II. Título.

CDU 261:22:629

Índice para catálogo sistemático:

1.Religião : Economia : Exploração espacial : Ética

Aline Graziele Benitez - Bibliotecária - CRB-1/3129

Grupo Editorial Alta Books

Produção Editorial: Grupo Editorial Alta Books
Diretor Editorial: Anderson Vieira
Editora-Chefe: Manuella Santos de Castro
Assistente Editorial: Francielle Regina
Vendas Governamentais: Cristiane Mutüs
Diagramação: Merit Editorial

ALTA BOOKS
GRUPO EDITORIAL

Rua Viúva Cláudio, 291 – Bairro Industrial do Jacaré
CEP: 20.970-031 – Rio de Janeiro (RJ)
Tels.: (21) 3278-8069 / 3278-8419
www.altabooks.com.br – altabooks@altabooks.com.br
Ouvidoria: ouvidoria@altabooks.com.br

Editora **afiliada à:**

abdr

ASSOCIADO CBL Câmara Brasileira do Livro

A meus filhos
Maria Paula de Magalhães Tavares de Oliveira
Carlos Eduardo de Magalhães e
Maria Christina de Magalhães Silvestre,
com os agradecimentos pelas indicações bibliográficas,
extensíveis à *Lusa Silvestre* e à *Bel*

SOBRE O AUTOR

José Carlos de Magalhães

Bacharel em Ciências Jurídicas e Sociais (Faculdade de Direito da USP -1961).

Mestre em Direito pela Yale Law School, da Yale University (EUA), 1973.

Doutor em Direito pela Faculdade de Direito da USP (1982).

Livre Docente pela Faculdade de Direito da USP (1988).

"Visiting Scholar" Yale Law School (1974).

Recebeu o prêmio Spencer Vampré, da Faculdade de Direito da USP, por suas atividades acadêmicas

Atuou como árbitro em cerca de 200 arbitragens nacionais e internacionais realizadas no Brasil e no exterior.

Integrou a lista de especialistas indicado pelo Brasil ao Órgão de Solução de Controvérsias da Organização Mundial do Comércio.

Árbitro do Tribunal Arbitral constituído no Mercosul, para decidir controvérsia entre Brasil e Argentina.

Autor de 7 livros sobre Direito Internacional, Direito Econômico Internacional e Arbitragem.

Organizou a edição de 4 livros sobre Direito Internacional.

Publicou 90 artigos e prefácios no Brasil e no exterior sobre Direito do Comércio Internacional, Arbitragem e temas afins.

PRÓLOGO

Uma das grandes inovações do século XX foi a integração da Humanidade na Ordem Mundial como sujeito de Direito. Convenções Internacionais renderam-se à evidência, registrando-a como destinaria e titular de direitos a serem protegidos. A Declaração Universal dos Direitos Humanos deu-lhe dimensão ampla e efetividade, ao alcançar consenso entre os Estados, com culturas, crenças religiosas e regimes políticos diversos. Deixou de ser apenas ideário filosófico e religioso, para se tornar efetivo e presente na consciência dos povos. A sua fragmentação em Estados nacionais, religiões, civilizações e grupos étnicos cedeu passo para todo o conjunto, a despeito das parcelas em que se divide. O ser humano deu-se conta de integrá-la e que o planeta não tem recursos infinitos, a requerer cuidados de todos. A preocupação generalizada com o meio ambiente, consequência das crises climáticas, teve o efeito de despertar da letargia populações abatidas por fenômenos naturais.

Reflexo disso é a adesão de grande parte dos Estados na realização da Conferência do Clima (Conference of the Parties - COP. 29), em Baku, no Azerbaijão, em novembro de 2024. Os países desenvolvidos, maiores responsáveis pela poluição, concordaram em aportar US300 bilhões por ano para ajudar os carentes de recursos no combate às ações poluidoras. Embora o valor fosse bem inferior aos US$1.300 trilhão cogitados, não deixa de ser gesto de reconhecimento de responsabilidade pelos efeitos nocivos no clima por suas ações internas. O ser humano está cada vez mais consciente de que deve atuar para evitar catástrofes climáticas sobre as quais não tem controle e a ciência é incapaz de os evitar.

A preocupação com o meio ambiente não é a única. Faz parte do conjunto de fatores que inspira este livro, ao destacar, dentre eles, o que considero serem os três pilares principais em que se assenta a Humanidade nos tempos atuais. O primeiro e mais antigo, a Religião, ainda cultivada, como em todos os tempos e por todas as civilizações, como dão notícia templos descobertos por arqueólogos e as celebrações religiosas atuais em todos os países. A construção de Gobekli Tepe, na fronteira da Turquia com a Síria, há cerca de 12 mil anos, indica vocação antiga do ser humano para a adoração da divindade. Pirâmides egípcias e dos povos astecas, maias e incas em continentes separados por extensos mares atestam o caráter religioso das construções e a crença no divino como elo comum entre povos e culturas tão distantes. Livros sagrados resgatados por pesquisadores das diversas civilizações são testemunhos de mitos religiosos a influenciar gerações.

Foi longo ciclo que perdurou milênios, até ser subjugada por outro iniciado no século XVIII, ainda a prevalecer no século XXI, o da Economia. Nele se destaca seu principal protagonista, a empresa privada, integrada na Sociedade Civil a conviver com a estrutura estatal. Os Estados deixaram de ser classificados pela religião predominante adotada e passaram a ser identificados pelo grau de desenvolvimento econômico e poderio militar. O embate ideológico que dividiu o mundo no século XX foi provocado pelo antagonismo das ideias que informaram o liberalismo econômico e a economia planificada centralizada no Estado, ideário da filosofia comunista de Karl Marx e Frederich Engels. Terminou pacificamente com o fracasso da experiência soviética. A Sociedade Civil, reconhecida na Carta da ONU, tomou nova dimensão com a constituição das Organizações Não Governamentais a atuarem em temas de interesse comum, como novo componente da Ordem Internacional. Convivem com os Estados nas esferas interna e externa e influem na condução de políticas públicas, como as relativas ao meio ambiente e direitos humanos. As organizações internacionais descentralizaram atribuições antes exclusivas dos Estados. Deram feição diversa à ordem mundial ao disciplinarem áreas da atividade humana de abrangência internacional, *ad latere* dos Estados.

Nesse quadro sobressaem as empresas privadas ocidentais como principal protagonista do processo econômico desvinculado do Estado, ao se expandiram por todo o planeta, com a configuração de complexos multinacionais que assumiram. Tornaram-se poderosos feudos, similares ao da Idade Média, a afetar a atuação dos Estados.

As empresas chinesas com atuação internacional ainda mantém sua feição nacional. São exceção. Embora concorram com as ocidentais, não se enquadram na conformação multinacional de sua organização. Aferradas ao sistema político adotado no país, mantém sua identidade nacional. Mesmo assim, são ativas no processo econômico mundial em concorrência com as empresas ocidentais. Participam dos embates por mercados e negócios, integrando o panorama geral do comércio e investimentos internacionais.

As dedicadas a tecnologia da informação são capitaneados por personalidades que se destacam no cenário internacional, como os estadistas de outrora a influírem poderosamente na condução dos povos. Dominam as redes sociais e monopolizam a tecnologia das comunicações. Detém poder que se contrapõe ao de chefes de Estado, mesmo os das grandes potências, todos usuários da tecnologia por elas fornecida. A Parte II ocupa-se delas.

A tecnologia por elas desenvolvidas levou ao início de outra etapa, ora em andamento, o da exploração espacial, examinada parte III deste livro. É o terceiro pilar em que se assenta a Humanidade nos dias atuais. Nasceu disciplinada por meio de Convenção da ONU que atribui ao astronauta a condição de representante da Humanidade. Está na etapa inicial, mas produz reflexos expressivos no planeta, tornando-o refém do sistema complexo de satélites artificiais a organizar a vida do ser humano em todos os rincões. A Internet, uma das facetas mais visíveis da exploração espacial, introduziu ingrediente novo nas relações entre os povos, aplainando diferenças culturais, de costumes e de civilizações. O seu acesso foi alçado à condição de direito individual, assegurado no Brasil pela Constituição Federal, (art. 5º LXXIX) e pela lei. 12.965, de 23/04/2014 (art. 7º)

A Internet reproduz acontecimento similar inovador da invenção da imprensa no século XVI, que infligiu forte abalo na Religião, ao possibilitar a publicação da Bíblia e sua tradução para os idiomas alemão e o inglês. Retirou o monopólio da leitura e interpretação do livro sagrado pelos mosteiros e ampliou seu conhecimento para a população em geral. Alimentou bibliotecas e possibilitou o acesso ao público. O computador inventado no século XX produziu efeito similar e a Internet espalhou conhecimentos restritos às Universidades e a pequenos grupos. Tornou permeáveis as fronteiras estatais e contribuiu para o fortalecimento da Sociedade Civil, com o estreitamento de relações entre os povos. Aplaina diferenças, embora não as elimine, faz aflorar sentimento de simpatia e de solidariedade por infortúnios alheios transmitidos pela televisão e pelas redes sociais, em tempo real.

O paralelo entre a invenção da imprensa e do computador, com a Internet dele derivada, se reflete também na Religião, contribuindo para fazer terminar o ciclo de seu predomínio absoluto, relegando-a a segundo plano. O antigo poder do sacerdote foi substituído pelos dos controladores da tecnologia da informação, personagens celebrados com maior notoriedade e prestígio do que autoridades religiosas e estatais.

A exploração espacial, por seu turno, não se cinge ao lançamento de aeronaves ou de estações espaciais, em investidas para alcançar planetas distantes, a longo e indefinido prazo. Tem espectro maior e de efeito mais sensível e de impacto imediato com os satélites artificiais de múltiplas finalidades. Percorrem o firmamento em trajetórias próprias com a transmissão de informações e sinais para o planeta para todas as atividades humanas, industriais, comerciais, serviços e agrícolas. Tornaram-se essenciais na detecção de fenômenos climáticos, pragas rurais e a possibilitar a transmissão de informações e comunicações, dentre suas múltiplas funções.

As empresas privadas se imiscuíram no setor e os operam para seus objetivos empresariais. O armazenamento na "nuvem" de informações, textos, artigos acadêmicos, opiniões políticas, pareceres, relatórios, mensagens tornou obsoleto dispositivos de cópia de textos no computador, os *pen drive* e disquetes, agora considerados ultrapassados e, há pouco, inovadores. A ampliação do uso de algoritmos dos computadores levou as empresas de tecnologia da informação a criar a Inteligência Artificial a gerar preocupações sobre o controle dos artefatos por ela movidos, sem controle humano. Os controladores dessas empresas, grande parte sediadas no Vale do Silício, na Califórnia, passaram a deter poder político e social que os tornaram personalidades internacionais de grande notoriedade. É um processo ainda em desenvolvimento, sem que se saiba para onde vai e que fim terá. Há nítido embate entre elas e Estados em confrontos derivados da pretensão de liberdade de expressão e da veracidade das informações, nem sempre fiáveis e por vezes fragrantemente falsas a influir nas comunidades, sobretudo em época de eleições.

A rivalidade econômica e tecnológica entre China e Estados Unidos tem levado a perspectiva de divisão extrema de técnicas empregadas em cada um, a impedir o usuário a delas usufruir livremente, mas compelidos a fazer opção entre uma e outra. É a aspiração de poder hegemônico a pairar sobre atividade que se tornou essencial para todo o planeta, a ser superada pela dinâmica das relações internacionais.

Riacho Novo, Areias (SP), Maio de 2025.

O Autor

SIGLAS

CCI – Câmara de Comércio Internacional
CEPAL – Comissão Econômica para a América Latina
COP 29 - Conference of the Parties
EUA – Estados Unidos da América
FMI – Fundo Monetário Internacional
GATT – General Agreement on Trade and Tariffs (Acordo Geral de Comércio e Tarifas)
GGE - Group of Governmental Experts on Advancing responsible State behaviour in cyberspace in the context of international security
GPS – General Position System
IA – Inteligência Artificial
OCDE – Organização para o Comércio e Desenvolvimento Econômico
OIM - Organização Internacional para as Migrações
OMC Organização Mundial do Comércio
OMS – Organização Mundial da Saúde
OMPI = Organização Mundial da Propriedade Intelectual
ONU – Organização das Nações Unidas
OIAC – Organização Internacional da Aviação Civil
ONG – Organização Não Governamental
REsp – Recurso Especial
UNICEF – United Nations International Children's Emergency Fund - Fundo das Nações Unidas para Infância
UPI – União Postal Internacional
URSS – União das Repúblicas Socialistas Soviéticas

SUMÁRIO

Sobre o autor 6
Prólogo 7
Siglas 12
CAPÍTULO INTRODUTÓRIO 15
PARTE I: A RELIGIÃO 21
I.1 A sobrevivência da crença religiosa 21
I.2 A vida eterna – uma aspiração humana 23
I.3 A imortalidade da alma 26
I.4 A morte como estratégia de ação política 30
I.5 A morte como epílogo da vida 31
I.6 A banalização da morte 33
I.7 A influência do entretenimento 35
I.8 A punição depois da morte 39
I.9 A mitologia e os livros sagrados 42
I.10 Conflitos entre poderes religiosos 45
I.11 Da intolerância à liberdade religiosa 47
I.12 A caminho da liberdade religiosa: o papel dos Papas 55
I.13 A influência do sacerdote 64
I.14 O poder político do sacerdote 65
I.15 O ato de perdoar 66
I.16 Uma pausa: Maomé e o acaso 71
I.17 O ritual religioso 71
I.18 Modificações do ritual 75
I.19 Ritual como meio de comunicação com a divindade 78
I.20 O batismo cristão 79
1.21 A mitologia 81
I.22 Efeitos do mito 84

I.23 A mitologia e a literatura 85
I.24 A influência do politeísmo greco-romano 87
I.25 Flexibilidade dos dogmas – uma necessidade 88
I.26 A anulação do casamento católico 90

PARTE II: A ECONOMIA 93

II.1 Novo participante das relações internacionais: a empresa privada 93
II.2 A política de substituição de importações e seu fim 97
II.3 O fim da Guerra Fria e seus efeitos 100
II.4 O desenvolvimento econômico, uma aspiração social 104
II.5 Do homem religioso ao homem da empresa 107
II.6 O novo feudalismo 110
II.7 O desuso da proteção diplomática e o contrato 117
II.8 Conflitos de interesses: Estado x empresa privada 121
II.9 As redes sociais e a extraterritorialidade da jurisdição estatal 127
II.10 A diplomacia das empresas 130
II.11 Uma reflexão necessária 137
II.12 O Estado refém dos feudos empresariais 141
II.13 As Empresas Militares 145
II.14 Reflexos no Brasil: empresas privadas de vigilância e transporte 147

PARTE III: A exploração espacial 149

III.1 O fascínio do espaço extraterrestre 149
III.2 O fim do céu mitológico* 151
III.3 Breve histórico 153
III.4 A corrida espacial e a ONU 156
III.5 A exploração espacial e a Humanidade 158
III.6 A exploração marítima no século XVI 160
III.7 A exploração do espaço cósmico 167
III.8 O lançamento privado de naves espaciais 170
III.9 O espaço sideral e o alto mar: um paralelo 173

CAPÍTULO FINAL 181

Bibliografia 189

CAPÍTULO INTRODUTÓRIO

O panorama atual da Humanidade apresenta, como destaque recheado de história, três pilares em que se assenta. O mais antigo deles, a Religião, é, ainda, proeminente pela sua universalidade, a despeito de divisões de credos nela incorporados. Foi obscurecida, mas não eliminada, pelo outro sustentáculo, a Economia, a persistir por longo prazo e a impulsionar as atividades humanas desde o século XIX. O terceiro esteio a dar apoio à Humanidade é a Exploração Espacial iniciada no século XX, a levar o ser humano a rincões desconhecidos, como outrora o alto mar e ampliar os meios de comunicações entre todos os povo do planeta. Abriga no espaço cibernético telescópios de grande alcance e estações hospedeiras de astronautas em temporadas de estudos para futuras excursões mais longínquas. Satélites artificiais de múltiplas funções transitam entre as estrelas e influem nas atividades terrestres. A Humanidade paira silenciosa sobre todos com seu abraço fraterno, nem sempre correspondido.

A Religião esteve sempre presente nas relações humanas de todos os tempos, com maior ou menor intensidade a ancorar o poder de políticos e de sacerdotes. Predominou nas relações internacionais e no âmbito interno dos Estados por longo período. Ao ser acolhida por Constantino como religião pelo Império Romano, no século IV, perdurou. A supremacia do Papa, com sua associação com o Sacro Império Romano Germânico desaguou nos exageros da Inquisição do século XVI. A rebeldia de Lutero, com suas 95 teses apostas na Catedral de Wittenberg, rompeu o monopólio católico da cristandade. Adicionou nova vertente religiosa do Velho Testamento à fundada por Maomé, no século VI, com o islamismo. Foi período de intensa movimentação religiosa, com Templários a percorrer rotas guerreiras para conquista de Jerusalém.

O foco na religião dominou os cenários nacional e internacional de então, mantida até o século XIX. A revolução industrial verificada na Inglaterra inaugurou nova tendência insuspeitada. Nascia o ciclo da Economia e da Tecnologia das Comunicações, com o trem a vapor a transpor longas distâncias, sem o auxílio de animais. A invenção do telégrafo foi ampliada pelo telefone. Posteriormente, o avião adicionou novo meio de transporte, a repercutir nas relações internacionais. Perpassou todo o século XX e perdura no atual, com velocidade supersônica, a transportar centenas de pessoas em cada aparelho para todos os continentes. A Religião foi relegada ao segundo plano. O impacto dos novos tempos provocou o fim da sua supremacia e sua subordinação à Economia e à Tecnologia em progresso acelerado. A impressão de ter a Natureza sido domesticada foi reforçada com a invenção do submarino, a invadir área submersa habitada por peixes, incapazes da viver fora da água. O ser humano pode permanecer nas profundezas dos mares por longos períodos. A energia nuclear dá-lhe suporte para a aventura. Voa como os pássaros e transita por águas profundas como os peixes.

As duas guerras mundiais produziram impacto de outra natureza. Expuseram a incapacidade das sociedades organizadas em Estados de assegurar a paz internacional. Produziram o efeito de alterar a configuração da ordem internacional com a formação das Nações Unidas, em 1945 e, depois dela, da multiplicidade de organizações internacionais, a afetar o conceito de soberania dos Estados. O desenvolvimento econômico das populações foi destacado como fator decisivo para aliviar sofrimentos e evitar conflitos armados. A criação do Conselho Econômico e Social, como um de seus órgãos permanentes resulta da estratégia para alcançar aquele resultado. Deus foi ignorado. Perdeu a primazia para a Economia a reger as relações humanas, sem interferências divinas. Ao ser posta de lado a Religião, ascendeu a Sociedade Civil como ator nas ordens internas e internacional.

O preâmbulo da Carta da ONU registra a mudança: "*Nós, os povos* das Nações Unidas...", mote para a reformulação da ordem internacional. Contrasta com o apregoado duas décadas antes pela Liga das Nações, ao se referir, como seus signatários, as "Altas Partes Contratantes...", ou seja, os Estados, reflexo duradouro do sistema inaugurado pela Paz de Vestfália, de 1.648. A ONU mudou o tom e pôs "os povos" em relevo a estabelecer princípios para reger as relações internacionais. Deixou de lado deus e os Estados. Os *povos* a que se refere a Carta que a instituiu pode ser identificado com a Humanidade, pois abarca todos os seres humanos, deixando de lado sua fragmentação em nações, povos, cultos, etnias. Inaugurou novo ciclo, a registrar a extinção do anterior fundado na soberania dos Estados.

Nesse cenário, a Economia e a Tecnologia passaram para o primeiro plano e interesse primordial nos âmbitos interno externo dos Estados. A Religião, todavia, embora subjugada pelo novo ator e pela nova realidade, não desapareceu, sendo precipitada a conclusão de que "Deus está morto", como Nietsche afirmara ao final do século XIX. Não está. Está enfraquecido, vilipendiado, ignorado e entristecido. Mas, continua arraigado na crença dos aflitos e no imaginário das populações de todos os países, embora sem o poder político de antanho, salvo em alguns países regidos pela teocracia, como os regidos pelo islamismo.

O âmbito da ação religiosa passou a se restringir aos mitos de cada crença a influir nas diversas civilizações em que opera. Convive com o culto aos antepassados, como uma das características do ser humano de todos os tempos, não só como lembrança afetiva de fatos incorporados na memória dos pósteros, como de invocação de proteção. São resquícios dos deuses lares romanos a perdurar no inconsciente das populações ocidentais.

O culto à divindade caracteriza-se pela diversidade de crenças. Paira sobre determinado povo ou etnia, como o judaísmo, xintoísmo e o hinduísmo e outros de caráter regional, como a umbanda e o candomblé afro-brasileiro ou de indígenas em suas civilizações preservadas. Convivem com as religiões com amplitude maior, como o cristianismo, o islamismo e o budismo. Sem contar a influência de Lao Tse e de Confúcio na civilização chinesa.

A crença religiosa está arraigada no ser humano, em todos os tempos e civilizações. Resulta, pode-se deduzir, da impotência do ser humano diante dos fenômenos naturais, a vitimar populações inteiras com intempéries, inundações, erupção de vulcões, furacões, maremotos, terremotos, incêndios, calor excessivo ou frio congelante. São fatos da natureza contra os quais a Humanidade nunca foi capaz de exercer controle efetivo, a despeito do progresso da Ciência. As pandemias, epidemias, doenças incuráveis tornam o ser humano refém de forças sobre as quais não tem controle. Conquistas científicas amainaram efeitos catastróficos de pestes e doenças, mas não as eliminaram, As epidemias do Ebola, da AIDs e a pandemia da COVID-19, em pleno século XXI, afloraram repentinamente a assustar a Humanidade, como um alerta sobre a fragilidade do ser humano, refém dos fenômenos naturais.

Fazem parte desse quadro os incêndios no Meio Oeste do Brasil, em pleno 2024, e a seca prolongada na Amazônia, a contrastar com inundações no sul do Brasil e em países da União Europeia e o furacão Milton na Flórida, depois de o furacão Helena ter atingido os estados da Geórgia, Carolina do Sul, Virgínia e Carolina do Norte, nos Estados Unidos. Fenômenos naturais a fazer a Humanidade lembrar-se de sua fragilidade. A ciência ainda não foi capaz de domar a Natureza, a impor sua força indomável, como em todos os tempos.

Um de seus efeitos é provocar a invocação da divindade como estratégia para auxiliar na superação desses males ou amenizá-los. As festas da colheita persistem no meio rural e fazem parte do quadro de aspiração de amparo e proteção contra adversidades do clima.

A ciência, não obstante sua contínua evolução, nem sempre consegue prover auxílio adequado e eficaz para neutralizar efeitos dos fenômenos naturais. O desenvolvimento da Inteligência Artificial e a ação desenvolta de robôs, ora em curso, a substituir as comunicações pessoais por mensagens automatizadas, dá nova feição à atividade do ser humano. Tarefas corriqueiras, tendem a ser desempenhadas por robôs ou máquinas automáticas, com ênfase maior nos efeitos econômicos da ação. Os automóveis sem motorista, versão urbana do piloto automático dos aviões a percorrer rotas programadas, já não são mais novidade. É inovação técnica despida de caráter religioso ou transcendental, apenas utilitário. O foco é econômico.

A Religião, a Economia e a Exploração Espacial de que trará este livro têm, em comum, como substrato, a Humanidade a abrigar todos os seres humanos. Nem sempre foi assim e nem todas as culturas e civilizações sentem-se nela integradas,

No século XX a Humanidade foi alçada à condição de sujeito do Direito, como ator na ordem internacional, antes dela excluída, em prol de Estados e de interesses nacionais. A Declaração Universal dos Direitos Humanos pode ser considerada instrumento legal pioneiro a estabelecer princípios a serem observados por todos os povos. Outras Convenções internacionais vieram a ratificá-la com normas específicas a reger atividades de interesse comum. A Convenção do Mar é uma delas ao disciplinar o uso do espaço marítimo internacional e seu solo e subsolo, administrado por uma Autoridade Internacional. É patrimônio da Humanidade. Na mesma linha dispôs a Convenção que regula a nova aventura humana na exploração do espaço cósmico, em que o astronauta é considerado enviado da Humanidade. O credo religioso contribui para fortalecer a tendência de superar a organização dos povos em Estados com o deus universal a proteger a Humanidade. Cristãos, islâmicos e budistas nele acreditam. Convive com os deuses exclusivos de etnias diversas, como o judaísmo, o hinduísmo e o xintoísmo, mas abarca parte expressiva de crentes na divindade e da população terrena.

A exploração espacial, produto do desenvolvimento da tecnologia, propicia outra dimensão à Humanidade, ao torná-la consciente das limitações físicas do planeta e da necessidade de encontrar novas paragens para sua sobrevivência. Resultam desse esforço medidas efetivas para redução do efeito estufa e de emissão de gás carbono, com a preocupação com o meio ambiente. Conclaves internacionais e convenções têm sido organizados para estabelecer critérios e ações para a redução da emissão de carbono. A 29ª Conferência do Clima (COP 29), realizada em 2024, em Kabul, Afeganistão, contou com a participação de cerca de 40 mil delegados, entre representantes dos Estados, negociadores privados, jornalistas e observadores internacionais. A magnitude do evento e sua ampla divulgação pelos meios de comunicação mostram terem as populações tomado consciência da necessidade de providências sobre o clima e o meio ambiente.

É mais uma tentativa da Humanidade de fazer ajustes no comportamento do ser humano para evitar catástrofes climáticas repetidas com frequência em diversas partes do planeta. É tarefa difícil e de execução demorada por abranger povos, etnias e civilizações diversas, atualmente congregadas em Estados nacionais e grupos isolados, como os silvícolas. É esforço de responsabilidade dos países e da Sociedade Civil que pode ser identificada como a própria Humanidade, amparada por princípios universais inscritos na Carta da ONU e na Declaração Universal dos Direitos Humanos.

A expressão Sociedade Civil compreende termos como "povo", "comunidade", "população", "opinião pública", "pensamento popular" ou "popularidade", vocábulos usados em diferentes contextos, como destaca John Lukacs[1] e até mesmo de "nação", a identificar determinado grupo étnico-social.

1 *Uma Nova República – História dos Estados Unidos no Século XX.* Rio, Ed. Jorge Zahar, 2006, p. 259/260.

O conceito de Sociedade Civil adotado neste trabalho, a exemplo de outro anterior[2], é amplo a congregar todos os integrantes dos diversos grupos e etnias raciais, religiosas e sociais, incluindo universidades, estudantes, trabalhadores, profissionais liberais, empresas privadas, associações, imprensa, cultos religiosos e o todo o conjunto de partícipes das comunidades não integrantes da estrutura estatal dotados de autoridade pública. O Estado, não obstante seja a organização da sociedade em consonância com a Constituição de cada um, atua por meio de pessoas, como juízes, parlamentares e funcionários da Administração Pública. Nessa condição distinguem-se dos integrantes da Sociedade Civil, como são as entidades e indivíduos despidos de autoridade pública, mas capazes de influir nos destinos das comunidades. A atuação da Sociedade Civil fez o Estado perder o monopólio da defesa do interesse público, em suas múltiplas manifestações em prol desse desiderato. Segundo Norberto Bobbio, o uso da expressão "sociedade civil" remonta a 1794, com August Ludwig von Schlözer e empregado para qualificar certas teorias políticas.[3] Não se trata, portanto, de novidade.

O tema deste trabalho é rico e inesgotável. É composto de peças esparsas, como um mosaico a formar conjunto harmônico, a despeito da diversidade de seus componentes. Como os quadros de arte moderna, o tema sempre comporta nova pincelada na visão de quem os vê. Há ingredientes novos a serem adicionados a depender da ótica de quem os focaliza, em tempos de exploração espacial a interferir com o conceito do céu etéreo da Religião e do ressurgimento de guerras, na contramão da tendência à solução pacífica de controvérsias

A invasão da Ucrânia pela Rússia e o novo episódio do conflito no Oriente Médio em 2023/2024 entre Israel e palestinos, com feições antigas, são retrocessos do comportamento humano que se acreditava terem sido superados. Ainda não foram. Os exemplos históricos nefastos de Napoleão e de Hitler contaminam ideário de autoridades estatais fundadas na força militar e contrariam preceito universal de solução pacífica de controvérsias, como aspiração da Humanidade.

---

2 JOSÉ CARLOS DE MAGALHÃES, *Arbitragem – Sociedade Civil x Estado,* Almedina, São Paulo, 2020.

3 *Estado, Governo, Sociedade – Para uma teoria geral da política.* São Paulo, Ed. Paz e Terra, 3ª edição, p. 33.

PARTE I

A RELIGIÃO

I.1 – A sobrevivência da crença religiosa

A Religião convive com o desenvolvimento das relações internacionais e com os novos componentes a influir na Humanidade. Sobrevive suportada em mitos, metáforas. dogmas e mistérios sempre afagados em todos os tempos pelos povos. A fé a anima e confere veracidade ao conteúdo dos mitos nos quais se assenta. Suas narrativas e fatos neles retratados são considerados verdadeiros, a servir de base do edifício erigido pela Religião. Examinados pela ótica da Razão, podem levar a considerar serem frutos da imaginação de poetas e pensadores, cuja autoria é esmaecida pelo tempo, tornando-os anônimos. Disso nascem livros sagrados, ou narrativas de fatos históricos, como a da Ilíada e da Odisseia, de Homero.

Mesmo quem reconhece serem os mitos fruto da imaginação de poetas, quando informados por fé religiosa, vê a intervenção divina das *Musas* a inspirá-los. Seriam sempre as divindades etéreas a influir na criação literária e na mitologia. De acordo com essa visão, os mitos seriam sempre criações de divindades, ainda que concebidos por poetas e músicos pois o fazem por inspiração de *Musas*. É comum a invocação poética a clamar por sua intervenção. Virgílio, como tantos outros do passado, delas valia-se, ao relatar as peripécias de Enéias:

> "Ao mar e a outras terras muitas vezes
> a violência dos deuses o lançou
> por causa do cruel rancor de Juno.
> E muito ele sofreu também na guerra
> até poder fundar uma cidade

> e transferir seus deuses para o Lácio:
> donde a raça latina e os pais albanos,
> donde as muralhas da altaneira Roma.
> Ó Musa, agora as causas me recordam:
> a rainha dos deuses que sentiu?
> Em que se lhe ofendeu a divindade
> para impor ao varão piedoso e ilustre
> tantos esforços e perigos tantos?
> Quanta ira em espíritos celestes!"
> (Eneida, de Virgílio, Canto I)

Assim, ainda que se acredite que mitos são frutos da imaginação de poetas, pensadores, ou filósofos, a intervenção das *Musas,* na visão dos que nelas creem, confere divindade ao mito, a ser enxergado como fato verdadeiro. Um dos mitos fortes do Velho Testamento é o da criação do homem à imagem de deus, personificando-o: "Genesis, I.27 – Deus criou o homem à sua imagem; criou-o à imagem de Deus, criou o homem e a mulher." É o deus identificado com a figura de pessoa humana, real, a habitar local não geograficamente definido, nomeado Céu.

Contestar a veracidade dos fatos narrados nos livros sagrados ou na mitologia consagrada pode ser ofensivo e perigoso. Afeta a fé profunda de crentes. No passado, Galileu Galilei sofreu as consequências de contrariar disposições bíblicas sobre o caráter geocêntrico do universo, a despeito das descobertas científicas.

A intolerância religiosa que presidia as condenações da Inquisição que vitimou Giordano Bruno e tantos outros perdura; não terminou. Continua a existir. O *Julgamento do Macaco*, relatado no texto, tem teor similar ao julgamento de Galileu. Professor foi condenado em pequena cidade norte-americana do Tennessee por ensinar na escola a teoria de Darwin. Os fatos ocorreram em 1925. A condenação do escritor Salman Rushdie por escritos considerados ofensivos ao profeta Maomé revela a persistência da intolerância religiosa em pleno século XXI.

Os efeitos do Concílio Vaticano II, no que diz respeito à tolerância religiosa, ratificada e ampliada pela ação do Papa João Paulo II, são relevantes, mas limitados. Foi esforço que deu ênfase à intolerância religiosa, como mal a ser extirpado.

A Revolução Industrial verificada no século XIX e o desenvolvimento da tecnologia e das comunicações dele decorrentes vieram a adicionar novo ingrediente na crença religiosa, relegando-a a plano inferior. O ideário religioso foi substituído pelo econômico e pela tecnologia. O desenvolvimento econômico dos países passou a ter prevalência nas relações internacionais, deixando de lado opções religiosas que no passado classificavam países segundo o credo adotado.

I.2 A vida eterna – uma aspiração humana

A vida eterna é aspiração humana, fruto de imaginação e de pretensão à imortalidade. O ser humano acredita ser dotado de alma, que paira invisível na eternidade, em convívio com os muitos bilhões ou trilhões já falecidos, ao longo de milênios. Essa multidão de almas habita local etéreo, que a mitologia cristã denomina céu, onde se encontram nossos entes queridos e antepassados, em harmonia serena, a nos proteger e vigiar. Nele estão as almas piedosas, apartadas das excluídas encaminhadas para o inferno, para onde vão pecadores irremediáveis, por vezes em estágios no purgatório, local em que se "purgam" pecados. Não são locais geograficamente definidos, mas etéreos, invisíveis e difusos no firmamento. A exploração espacial, com estações a flutuar dependuradas no vazio, satélites, aeronaves e sondas a invadirem o espaço celeste, interfere e perturba o mito do local de destino de almas humanas.

O céu sempre deslumbrou a Humanidade, com suas estrelas a cintilarem eternamente, suspensas no vazio, ao lado do Sol e da Lua, atualmente desmistificada, pelo pouso humano. Não é por acaso que grande número de países estampa estrelas, a lua ou o sol em suas bandeiras, (Brasil, Austrália, Estados Unidos, União Europeia, Turquia, Rússia, Japão, dentre muitos outros). É o fascínio pelo mistério a instigar a imaginação de poetas e a investigação da Astronomia cada vez mais avançada.

A atração para o céu e as estrelas, sobretudo pelos que vivem no meio rural, é fato antigo que perdura. Nas áreas urbanas isso não mais acontece, pois o céu sequer é enxergado rotineiramente, obstruído por edifícios e por intensa iluminação a impedir a difusão das luzes estelares. Conto de Alfonse Daudet, escrito por volta de 1860[1], ilustra a curiosidade das pessoas simples no meio rural e o fascínio sobre elas exercido pelo céu e pelas estrelas. Pastor de ovelhas em montanha da

1 ALPHONSE DAUDET, *Les Étoiles*, in *Lettres de Mon Moulin*, Flammarion, p. 43-48.

Provence, da França, é suprido, de tempos em tempos, por provisões trazidas da sede da fazenda. Em certo momento, o habitual entregador é substituído pela filha do dono, a quem o pastor tinha paixão secreta. Fica inebriado ao vê-la com as provisões trazidas. Ao retornar de sua breve visita, vê-se ela impedida por temporal forte que a obriga a permanecer no local. Sentada ao seu lado fora da cabana do pastor, fica a olhar o céu coalhado de estrelas, o que a leva a perguntar-lhe se era verdade que os pastores de ovelhas conversavam com as estrelas, como se acreditava. Enlevado pela companhia inesperada, começa a explicar os signos estelares, o Escorpião, as Três Marias, a via Láctea e suas ligações com sua atividade pastoril. No curso do relato percebe ela adormecer, com a cabeça apoiada em seu ombro. A simplicidade do quadro mostra a profundidade do mistério a envolver as estrelas e o céu.

Nele está o reino, presidido por deus e habitado por anjos, profetas, santos e pessoas pias das religiões. É o reino da felicidade extraterrena, definido como Paraíso na mitologia cristã. Na grega, relatada na Odisseia, de Homero, o rei Menelau, desejava, ao morrer, ir para os Campos Elísios, em que a vida era mais fácil para os homens, "onde a neve nunca cai, os invernos não são longos e não há tempestades, mas oceanos a enviar sempre brisas de sopro suave de ventos do Oeste para refrescar os homens".[2] (Parece descrição do Brasil...)

A aspiração comum é de ingressar nesses reinos (Céu, os Campos Elísios, Nirvana e os de outros mitos) e de usufruir de suas benesses, como recompensa por bom comportamento na vida terrestre. Afasta-se, também, o espectro de serem encaminhados aos demais lugares mitológicos destinados aos pecadores, o purgatório e o inferno, este sob comando de Satanás, o deus do mal. Um dos efeitos do mito religioso mais visíveis é induzir pessoas, as poderosas e as débeis, os ricos e os pobres, os crentes e os não crentes, a observar bom comportamento, para evitar punições depois da morte, a atingir a alma imortal.

Na mente dos que acreditam na existência da divindade, a imortalidade da alma é atributo etéreo sujeito a julgamentos após a morte, com benefícios ou penalidades consequentes. Se a alma é eterna, o julgamento é inescapável e independe do tempo. Pois, como diz Joseph Campbell, por não pertencer à natureza do tempo, "a eternidade não é

2 HUGH BOWDEN, *Mystery cults in the ancient world*, Thames & Hudson, Londres, 2023, p. 30

futuro, nem passado, a eternidade é agora”[3].

A figura de S. Pedro, na porta do reino do céu, a receber almas de mortos e as admitir ou as enviar ao inferno, retratado em caricaturas cômicas, ilustra o efeito do mito no imaginário das pessoas. A compra de indulgências vendidas pela Igreja Católica nos séculos XIII a XVI, a assegurar perdão por pecados e lugar no céu, tinha grande sucesso popular pela crença arraigada nos julgamentos após a morte. Ainda atualmente vê-se pregadores evangélicos a estimularem, em perorações televisionadas, doações para o mesmo efeito.

Não há pena mais cruel aos crentes na existência da alma, como a de morte em que o corpo fica sem sepultura, ou não consumido pela chama em pira funerária. A alma do insepulto, ou do corpo não cremado, dele não se desprega, ficando sem sossego. Torna-se penada, a vagar pela eternidade, em sofrimento perene. Era o ideário que presidiu as Ordenações Afonsinas, Manuelinas e Filipinas a aterrorizar portugueses e brasileiros. O condenado à morte perpétua ficava com o corpo dependurado na forca, sem sepultura, e a alma dele não se desprendia do corpo. Punição terrível para devotos! Pena mais leve era a morte natural, em que o corpo do condenado enforcado era levado à sepultura. Sua alma ficava livre.

O enterramento de cadáveres como providência sanitária necessária para evitar contaminações, ou a putrefação de corpos insepultos com eventual propagação de vírus e bactérias, tornou-se ato religioso. O culto que preside o sepultamento de cadáveres ou sua transformação em cinzas pelo fogo conforta parentes e amigos e exalta simbolismo a perpetuar a prática. A referência bíblica de considerar ato imundo o contacto com o cadáver, a impor a segregação de quem o fez, constitui preceito destinado a conferir eficácia à medida sanitária a ser observada pela população como norma de caráter religioso. É o poder da divindade religiosa a serviço da saúde pública.

Somos seres vivos e, como tais, nascemos, amadurecemos, envelhecemos e morremos. Alguns sequer envelhecem e morrem cedo. É a mesma sorte dos animais e dos vegetais. Talvez até os minerais também tenham a mesma condição, dos quais deles se extraem remédios, adubos a produzir vida vegetal e venenos, a fazê-la terminar. É comum

---

3 JOSEPH CAMPBELL, *Isto es tu – Redimensionando a metáfora religiosa.* Landy Editora, 2002, p. 67.

camponeses se referirem às "pedras mortas", não suscetíveis de gerar vida de vegetais nelas incrustados. É assertiva de quem convive com os riscos diários do campo e do agreste, com a familiaridade rotineira da morte de animais, aves, plantas e árvores. É o ciclo da vida a permear a existência de todos os seres.

Os adeptos do espiritismo acreditam na existência de espírito a conviver com os vivos e a lhes fustigar e azucrinar a vida, com interferências indevidas. Alguns, inconformados com a perda de entes queridos, vão às sessões espíritas para conversar com o espírito de mortos, por meio de médiuns, a induzir parentes fragilizados, ainda emocionados com a perda, a acreditarem no que dizem. É a atitude dramática de quem não aceita a realidade da vida. Não se conformam com a ideia de ser a morte o seu epilogo. Se não existir vida depois da morte, qual o sentido da vida? Indagação frequente para justificar a crença na eternidade, na necessidade de bom comportamento. O Juízo Final depois da morte, a fiscalizar a conduta em vida, baliza a ação humana. As orações ditas com fervor são meios de comunicação com o divino e forma de obter graças e benefícios e evitar malefícios. "Livrai- nos do mal", diz conhecida oração cristã dita com fervor, a invocar proteção.

I.3 - A imortalidade da alma

A imortalidade da alma é tema objeto de controvérsias. Os que a apreciam sob o prisma da ciência, investigam vestígios de sua existência, e tendem a considerá-lo fora da alçada científica, por não ser passível de comprovação. Os religiosos, fiados na sua crença, defendem-na suportados por livros sagrados.

O desenvolvimento da psicologia no século XX desviou o foco do tema para o inconsciente de cada ser humano. Estando nele integrado, pode aflorar de tempos em tempos para o consciente em sonhos ou visões a dar impressão de intervenções etéreas da divindade ou de antepassados falecidos. Se a alma é o inconsciente pregado em algum canto do cérebro, morre com o corpo que a alimenta. Alma e o inconsciente, sob essa ótica, podem ser enxergados, para quem é cético, como atributos incorporados no ser humano. Para os crentes na vida eterna é heresia a contrariar convicção religiosa de todos os tempos. Os arquétipos a que se refere Carl Gustav Jung, componentes psicológicos transmitidos aos sucessores juntamente com os biológicos, podem se enquadrar nesse cenário ao explicar influências de ancestrais no comportamento humano. Não haveria transcendência ou espiritualidade, mas simples fatos próprios da natureza humana e sua condição terrena. É a concepção da alma incorporada no inconsciente do ser humano e não algo etéreo a flutuar no firmamento à espera de julgamentos implacáveis. Há os que criticam esse entendimento por estar despido do elemento *divino,* vendo na teoria narcisismo humano, sem apoio na divindade. Tudo se resumiria no próprio ser humano, sem o componente espiritual.[4]

Sem entrar nos conceitos de Jung sobre *anima* e *animus,* com suas características femininas e masculinas, podemos nos ater ao significado latino das palavras *anima* e *animus,* alma, espírito, como popularmente compreendido. Palavras delas derivadas, são empregadas com sentido próprio, com ou sem componente psicológico: pessoa *des(animada)* é a que está sem força, sem entusiasmo; a *des(almada)*, é a qualificada como má, sem alma; a *animada* é a pessoa ou a multidão entusiasmada, cheia de ardor, de vida, de *alma;* a *alma mater* é a matriz que inspira escolas de pensamentos, de universidades, de movimentos ou de nações.

Paralelamente a imortalidade de pessoas está associada à repercussão de suas ações e trabalhos políticos, religiosos, científicos, filosóficos, artísticos e mesmo militares. Os filósofos gregos, após milênios, ficaram imortalizados e continuam a ser lembrados, cultuados e discutidos. Músicos barrocos, igualmente, após séculos de suas existências tornaram-se imortais Personalidades como Moisés, Alexandre, o Grande, Jesus, Confúcio, Sidarta Gautama, Maomé e tantos outros que influíram e influem nas civilizações a que pertencem, ficaram imortalizados. Essa imortalidade nada tem a ver com a religião, nem com a alma e sim com a permanência e reflexos de suas vidas e obras na memória dos povos. É claro que não se pensa na imortalidade da pessoa, mas do produto de suas vidas e ações, suas obras e pensamentos e influência.

A abstração e indução ao extraterreno nem sempre integram a visão das pessoas simples no cotidiano de suas vidas, diante dos percalços próprios a serem enfrentados. A literatura ilustra-o como a da apreciação de Riobaldo, personagem central da obra prima de Guimarães Rosa, de que "viver é muito perigoso, sempre termina em morte"[5]. O

4 WALTER FRIEDRICH OTTO, *Teofonia,* Odysseus Editora, São Paulo, 2006, p.23/35

5 GUIMARÃES ROSA, *Grande Sertão: Veredas,* Cia. das Letras, 22ª edição, 2019, p. 13 e 19, dentre outras).

relato sobre suas andanças guerreiras, como jagunço no sertão baiano e mineiro, conclui com realismo e certa nostalgia, ao constatar mudanças de hábitos no sertão: "hoje não se usa mais matar". Retrata a realidade percebida por pessoas comuns, sem pretensões filosóficas, a refletir conformismo com o processo da vida efêmera e cheia de percalços. É tão perigoso viver que se pode ficar doente, sofrer acidentes e, até, morrer. A eternidade é aspiração humana não conformada com o ciclo da vida a que todos os seres vivos estão sujeitos.

Ao risco da vida e dos perigos que a cercam se contrapõe a crença na alma, atributo humano a dar conforto e esperança e a alimentar trovas de poetas em todos os tempos como liames com a eternidade. Os gregos e romanos com o politeísmo que adotavam e senso prático da vida terrena[6] acreditavam em Hades (Plutão), deus do submundo, irmão de Zeus (Júpiter), e, ao mesmo tempo, lugar para onde iam os mortos. Era temido e alvo de oferendas. Na última parte da Ilíada, o jovem primo de Aquiles, Pátroclo, fora morto em luta com Heitor, filho do rei de Troia, Príamo. Aquiles, furioso com a perda, desafiou Heitor para lutar. Aceitou o desafio e foi morto. Príamo, inconformado com a morte do filho e por ter Aquiles levado o corpo para seu acampamento, foi até ele, às escondidas, para resgatá-lo e lhe dar funeral condigno. Ambos choraram as perdas, tendo Aquiles exortado Príamo a não se lamentar e se conformar, pois, "assim decidiram os deuses: os infelizes mortais vivam na desgraça; eles, os mortos, porém, nenhum sofrimento os atinge". É o conformismo do término da vida com a morte, sem esperança de vida eterna, de ressurreição, de imortalidade, ou, ainda, de julgamentos. Indo os mortos para o Hades, eram impedidos de retornar à vida. A imortalidade se restringe ao fato histórico registrado na memória dos povos, como a guerra de Troia e o relato dos feitos de seus partícipes.

A influência do cristianismo, adotado em Roma por Constantino no século IV, tomou conta do cenário inovador e persiste no mundo ocidental. Os muçulmanos observam o mesmo ideário, inspirados em Maomé e no Corão a ele ditado diretamente por deus. O budismo prega o Nirvana para os de coração puro, isentos dos tormentos a serem suportados em reencarnações sucessivas aos que falham. É a concepção

6 EDWARD GIBBON, *The Decline & Fall of the Roman Empire*, Edição resumida, Bonanza Books, Nova Iorque, 1985, p. 156

da vida eterna a pautar ações da Humanidade.

Na China, observa Lionel Giles, tradutor dos Analects de Confúcio, os ensinamentos morais da obra do pensador chinês se fundam em princípios não utilitários e não religiosos. Não se baseiam na expectativa de benesses ou felicidade a serem auferidas neste ou no outro mundo, depois da morte. Não há recompensa posterior à morte, mas observância de princípio moral. É a virtude pela própria virtude, como enunciado extraído da curta carreira política de Confúcio.[7] Episódio ilustra seu pensamento. Ao atuar como Ministro do Crime de uma província da China, recebeu denúncia de um pai contra o filho por algumas infrações filiais graves. Confúcio determinou a prisão de ambos por três meses, sem fazer diferença entre eles. O Ministro Chi Huan repreendeu-o, dizendo que o dever filial era o primeiro a ser observado, ao que Confúcio respondeu que o pai nunca tinha ensinado o filho os deveres filiais e, assim, era ele o culpado, a justificar sua condenação.[8] Haveria que prevalecer as obrigações sociais de cada um, a começar com a família, pela qual responde o pai. A família é o microcosmo do Império, em que o Imperador tem os mesmos deveres do pai de família, de proteção e respeito. Sua autoridade não decorre da divindade, como no cristianismo, mas no dever moral de chefe de família. Não tem suporte metafísico, mas na virtude em si a ser observada e transmitida aos pósteros.

Em pleno século XXI, a imprensa noticia a condenação de mãe, em fevereiro de 2024, na cidade de Oxford Township, no estado do Michigan, nos Estados Unidos, pelo assassinato em massa em escola, feito por seu filho menor. Sua responsabilidade, como a do pai, em julgamento posterior, foi caracterizada pelo fato de tê-lo presenteado com a arma, mesmo após advertência da escola sobre desenho com cenas de violência encontrada em seus pertences. Suas alegações de que não pode responder por atos do filho não foram acolhidas diante dos fatos que cercaram o acontecimento. É o conceito de Confúcio observado, possivelmente sem o conhecer, pelas autoridades judiciárias de país de população majoritariamente cristã.

---

7 LIONEL GILES, *Introduction,* in *The Analects of Confucius,* The Easton Press, Norwalk, Connecticut, p, xy.

8 LIONEL GILES, *Introduction,* in *The Analects of Confucius,* The Easton Press, Norwalk, Connecticut, p. xxi

I.4 – A morte como estratégia de ação política

A morte encerra ciclo da vida como fato da Natureza a atingir todos os seres vivos. O ser humano, contudo, dá a ela conformação especial, seja considerando-a passagem para a vida eterna, seja como efeito de punição severa por delitos, seja, ainda, como estratégia para alcançar fins políticos e sociais.

Deste último efeito trata o livro de Costica Bradatan, *Dying for ideas – Dangerous life of philosophers,*[9] traduzido para o português e publicado pela Grua Livros, sob o título "*Morrer por Ideias – A vida perigosa dos filósofos*", A obra aborda personagens históricos que morreram por suas ideias, como indica o título. Dentre eles, destaca-se trecho sobre Thomas More, preso na Torre de Londres. Fora condenado à morte por Henrique VIII, por se recusar a jurar lealdade à sua condição de autodeclarado chefe da Igreja Anglicana. Ao romper com o Papa, fundou sua própria igreja, desvinculada de Roma. Era necessário manter a proteção divina e o amparo de deus para legitimar sua investidura. Rompia com o Papa católico, mas não com a divindade na qual se fundava sua autoridade real.

O rei ansiava por lealdades à religião que fundara, com o que não concordara Thomas More, agraciado com o título de cavaleiro, mas adepto da suprema autoridade religiosa do Papa. Foi fiel a suas convicções. Manteve-as, a despeito das consequências previsíveis da rebeldia em não acatar a determinação real. A recusa em aceitar a liderança religiosa do rei, levou à sua condenação à morte, com sua decapitação em 1535. Poderia evitá-la, se jurasse a lealdade de que necessitava o monarca. A fidelidade à sua convicção prevaleceu, sem o temor da morte anunciada. Morreu por suas ideias, gesto que lhe valeu a beatificação pelo Papa Leão XIII, em 1886, tendo sido canonizado em 1935 pelo Papa Pio XI.

A análise de Costica Bradatan sobre filósofos condenados à morte, ou por greves de fome que a isso os levam, revela a preocupação dos personagens com a divindade e a vida *post mortem.* Foi também o caso de Simone Veil, embora sua recusa de se alimentar não fosse propriamente greve de fome, mas algo parecido, possivelmente, pela anorexia que a teria acometido. Mas, os motivos alegados eram religiosos. Também ela morria por ideias.

9 COSTIGA BRADATAN, *Morrer Por Ideias*, Grua Livros, 2015, São Paulo

Os monges asiáticos que se incendiaram, como manifestação de inconformismo com a ação norte-americana na guerra do Vietnã não foram a isso compelidos por autoridades, nem por convicção religiosa. Visavam a produzir efeitos políticos com a transmissão pela televisão para grande parte do mundo e chamar a atenção da tragédia social vivida pelo povo invadido. Foram gestos de repúdio à ação guerreira em seu país por invasor ocidental e clamar para o fim daquela situação. Igual atitude motivou terroristas que tombaram em ações suicidas, a vitimar pessoas inocentes, como forma de protesto contra inimigos. O ato terrorista é incapaz, por si só, de alterar comportamentos, mas produz efeitos colaterais, a compelir a adoção generalizada de medidas de segurança em locais públicos e aeroportos, a incomodar pessoas a terem de se submeter a controles e revistas pessoais. Em ambos os casos, a morte não deriva de ideias religiosas, mas almeja fins políticos para influenciar a sociedade. O que pretende o terrorista islâmico, ao se dispor a acionar o dispositivo pregado ao corpo para explodi-lo e atingir terceiros inocentes, não é a imortalidade, embora tenha a convicção de que será recompensado após a morte, mas os efeitos políticos do gesto. O terrorista suicida não é um mártir religioso, nem vítima passiva de autoridades eclesiásticas ou estatais, mas ator ativo, visando, com seu gesto, a produzir efeitos eminentemente políticos.

Da mesma forma, os pilotos japoneses na Segunda Guerra Mundial arremetiam aviões carregados de explosivos contra embarcações inimigas, em ação suicida. Eram os conhecidos *kamikaze*, que vitimaram número expressivo de soldados americanos e afundaram embarcações. A morte esperada da ação era estratégia para infligir danos consideráveis ao inimigo. Não eram movidos por ideias ou por convicções religiosas, mas ação guerreira, tal como os soldados de frente de batalha de antigamente, a enfrentaram com seus corpos armas inimigas. A guerra hodierna dispensa ações desse tipo, travando-se à distância, por meio de drone não tripulados ou por misseis lançados à grande distância, sem risco para o disparador.

I.5 - A morte como epílogo da vida

A morte é fatalidade a que todos os seres vivos estão sujeitos. Os seres humanos não se conformam com a transitoriedade da vida. Querem ser imortais; criam fantasias de vida *post mortem* e inventam o ser invisível que os protegem como pai, a quem chamam de deus, que os vigia, os ampara, mas, também os castiga. *Pai nosso que estais no céu,* diz a conhecida oração cristã contida no Sermão da Montanha, de Jesus. Deus é bondoso e protege. Todavia, se contrariado, impõe penalidades com tempestades, raios, furacões, terremotos, vulcões, incêndios e inundações, além de doenças dolorosas e incuráveis ou epidemias e pandemias. A impotência do homem contra doenças e fenômenos naturais leva-os a pedido de socorro, por meio de orações ou de penitências e de arrependimentos por ações nefastas. Os antepassados próximos ou remotos também são lembrados e presenteados com flores em seus túmulos, um agrado para manter proteção.

Da mesma forma, no Brasil, a festa de Iemanjá, orixá das religiões africanas Umbanda e Candomblé, cultuadas por pescadores e ampliada para outros segmentos da população, é celebração anual sincrética com o culto católico, a indicar respeito e proteção à divindade. Em diversos países cristãos, como Itália, França e Espanha, registram-se celebrações especiais em homenagem a divindades específicas da cristandade. O Dia de Finados é de celebração mais ampla. Lembrar os mortos e os afagar com coroas de flores, velas, ou alimentos, como em Bali; é estratégia para preservar a boa vontade extraterrena de antepassados próximos e evitar represálias. Têm essa finalidade, as festividades anuais do *Galungan*, celebrada em honra aos espíritos ancestrais, que voltarão à Terra para compartilhar as casas e templos de seus descendentes.[10]

É da natureza humana cultuar mortos e antepassados, a influir nas gerações posteriores pelo exemplo. Os romanos possuíam deuses lares a dar proteção às famílias e eram cultuados em suas casas, logo no vestíbulo. Inicialmente, em altar de cada família, em segredo, para não cair em mãos de estranhos, ou inimigos. Com o prestígio alcançado por algumas famílias, seus deuses-lares, acabaram por se tornar de culto público da cidade, conduzido pelo sacerdote da família[11].

Em Bali a crença permanece viva e efetiva em pleno século XXI, com pessoas a depositarem na soleira da porta das casas e das lojas, pequenos cestos abertos de bambus com alimentos para os mortos. Faz lembrar tempos romanos dos deuses lares a proteger as famílias. As civilizações identificadas como silvícolas também observam ritos

10 LEONARD LUERAS, *Bali the Ultimate Island,* Times Editions, Singapore, 1987, p.147.
11 FUSTEL DE COULANGES, *La Cité Antique Etude sur Le Culte, Le Droit, Les Institution de la Grece et de Rnme,*The Project Gutemberg, Ebook, 2005, p. 120 e 212

religiosos, com suas crenças e deuses. Os índios Yanomami, para lembrar povo indígena relevante da Amazônia, acreditam no deus *Omama*, "que criou a terra e a floresta, o vento que agita suas folhas e os rios, cuja água bebemos". Ele e o irmão Yaosi não provieram de pai e de mãe. Diz o relato do xamã yanomami Davi Kopenawa que "a intenção desse deus era fazer os homens imortais, para o que escolheu árvore fantasma de madeira dura, *pore hi*, a imitar a forma de sua esposa. Na ausência de O*mama*, foi ela colocada pelo seu irmão Yaosi em árvore de madeira fibrosa e mole, cuja casca pendeu para o chão, com o que despertou espíritos tucano, com lamentos de luto, impedindo a imortalidade almejada por *Omama*. Desde então os humanos ficam sempre perto da morte e o nome de Yaosi, a simbolizar o mal, passou a designar o homem branco. O filho de *Omama*, por ele instruído, tornou-se xamã, que, embora morto, projeta sua imagem para as gerações posteriores.[12] Relato forte de mito indígena.

Os passes dados por pajés com as mãos abertas levantadas acima da cabeça do beneficiário, ou segurando ramos de arbustos, a agitá-los à sua frente, revelam a crença de influências invisíveis e espirituais.

I.6 - A banalização da morte

Os seres humanos estamos conscientes de que um dia a morte virá. É acontecimento inexorável. A incerteza é quanto ao momento. A procura de meios para evitar ou sarar doenças é estratégia para o postergar, com o estímulo para o avanço da medicina e a prestação de serviços médicos

Como acima relatado, apesar de ser acontecimento comum, algumas mortes não foram precedidas de esforços para a adiar e se tornaram símbolos pelos motivos que a cercaram, como a dos filósofos e pensadores resistentes a imposições ditatoriais ou religiosas. Costuma ser celebrada como tragédia ou ato heroico a ser lembrado. A de Sócrates serve de exemplo da perenidade dos efeitos de seu suicídio imposto pelas autoridades. O sacrifício de Jesus, inspirou o cristianismo a perdurar por mais de dois mil anos. Foram mortes que se tornaram símbolos de ideias.

---

12 DAVI KOPPENAWA e BRUCE ALBERT, *Queda do céu – Palavras de um Xamã Yanomami*, Companhia das Letras, São Paulo, p. 81-87.

No século XX a percepção da morte tomou dimensão diversa. O gigantesco morticínio provocado nas duas guerras mundiais pode ter produzido o efeito da sua banalização. Vitimou dezenas de milhões de pessoas para consternação geral, mas despida de heroísmo ou de cunho religioso. A morte deixou de ser individual e passou a ser coletiva, à semelhança dos criatórios de galinhas e porcos sacrificados em processo industrial para consumo humano. Tornou-se número estatístico para registro de atrocidades, sem preocupações com a individualização e a identificação das pessoas atingidas. Foram vítimas de ação militar e da estrutura estatal a afetar seres anônimos, sem destaque do sofrimento das vítimas, dos parentes e de sobreviventes.

A ação guerreira nos conflitos armados da atualidade, acentuado depois do término da II Guerra Mundial, produz efeitos à distância, em que o atirador, ao pressionar o gatilho ou o botão do dispositivo disparador, não tem consciência dos malefícios do petardo que soltou, nem das vítimas que produziu. Não vê corpos abatidos, mutilados, gritos e desespero de pessoas atingidas. Não sente o odor do sangue esparramado nos corpos vitimados. Atua como se estivesse em sala de vídeo game, a se divertir em momentos de ócio. A exceção são as incursões em centros urbanos, em que soldados vasculham casas de habitantes indefesos, e, por vezes, encontram resistência de franco atiradores. Mísseis e drones alcançam alvos longínquos, nem sempre instalações militares, sendo frequente caírem sobre hospitais e escolas. Os meios de comunicação esmeram-se na divulgação desses atos, geralmente sem identificar pessoas vitimadas, mas somente a explosão detectada por satélites distantes, como se fora espetáculo pirotécnico. As cenas da destruição da Faixa de Gaza pelas forças israelenses, em 2023/2025, com o morticínio de mais de 40 mil crianças e mulheres, se chocou o mundo em pleno século XXI, não sensibilizou as autoridades de Israel. Prevalece a insensibilidade com o sofrimento do povo palestino, refém do grupo terrorista Hamas e da ocupação ilegal de assentamentos israelenses, condenados pela ONU.

Não se trata de novidade. Saint Exupéry, no seu *Pilote de Guerre,* já observava do avião que pilotava durante a II Guerra, o corre-corre das pessoas atônitas a procurarem abrigo das bombas por ele lançadas. Pareciam formigas a se espalharem quando pisadas em formigueiros. Era assim que as percebia, sentado em segurança na cabine do avião. O cenário dos conflitos armados atuais é o mesmo, agravado pela falta do barulho de motores dos aviões a anunciar bombardeiros e possibilitar refúgio.

I.7 - A influência do entretenimento

O componente religioso que cerca a morte, na diversidade de credos, tem sido afetado e influenciado por fatores estranhos à Religião. A arte se esmera no tema, com interpretações pictóricas e literárias. O cinema, surgido no século XX, não é exceção. Grandes produções cinematográficas de Cecil B. DeMille, para lembrar de um dos mais notórios personagens que abordaram temas religiosos, tornaram-se célebres. Dentre os filmes que se destacaram, pode-se lembrar de "Os Dez Mandamentos", "Sanção e Dalila" e "O Vale dos Reis", com a encenação de fatos bíblicos em ambientes recriados de acordo com a imaginação dos responsáveis pelas obras. Além dessas superproduções a encantar pelo espetáculo grandioso das cenas, outras se seguiram, de tempos em tempos, como "A Última Tentação de Cristo, de Martin Scorcese, baseada no livro de Nikos Kazantzakis, e "A Paixão de Cristo", dirigido por Mel Gibson, em 2004, além de outras do mesmo teor.

É a Religião a inspirar entretenimento e fascinar pela beleza do cenários e de ambientes de fatos religiosos relatados em livros sagrados. As pessoas assistem o espetáculo, algumas com certa devoção e fervor, incrustando em suas imaginações passagens bíblicas com seus relatos objetivos. Vez ou outra o tema volta a despertar o interesse de cineastas. A Arte, contudo, é dinâmica e muda de foco de acordo com tendências sociais a cada passo. Torna, por isso, episódicos temas de grande repercussão em certo momento, logo substituídos por outros, em sucessão rápida.

A Religião, como objeto de narrativas artísticas, seja na literatura, no teatro ou no cinema e mesmo na pintura, não tem mais despertado o mesmo interesse de antes, embora não tenha desaparecido. O quotidiano das pessoas tem sido abordado com maior ênfase, como ocorrências no local de trabalho, atividade política, afazeres urbanos ou rurais, como alvo de obras de literatos, pintores e de cineastas. No cenário da vida social urbana, a violência passou a integrar narrativas. Desde há algum tempo, filmes com cenas de violência atraem expectadores ávidos de emoções pelo sofrimento alheio, em interpretações artificiais e, por vezes, até humorísticas.

Um dos seus efeitos é a consagração da banalização da morte acima referida. acentuada em filmes para divertimento de assistentes de cinema ou de televisão, no conforto de suas casas, compartilhados com crianças, em que pessoas mortas desaparecem de cena. Sequer se focaliza ações para a remoção de cadáveres e seu enterramento, ou o sofrimento de parentes da vítima. É tema fora do contexto do relato, que prossegue o curso normal. Os duelos dos filmes de faroeste ou o enfrentamento belicoso de quadrilhas urbanas, ou com a polícia, em conflitos violentos com vítimas a se sucederem, integram cenas de tiroteios e de mortes, por vezes aos borbotões, com personagens abatidos. Os corpos são abandonados no próprio local, sem interesse para o contexto da trama. São inúteis e imprestáveis para a continuação da história. Têm o mesmo tratamento do objeto alvejado em esporte de tiro ao alvo em barraca de feira de diversões. Acertado o boneco exposto, ganha-se o prêmio. Abatido o personagem, muda-se rapidamente o foco para outro tema.

O efeito de mimetização produzido pelo cinema e pela televisão não pode ser ignorado. Durante as décadas de 1940 a 1960, filmes exibiam cenas com pessoas sempre a fumar, homens e mulheres, em qualquer ambiente. Era gesto de simpatia a oferta de cigarro ao interlocutor. Terminados, as pontas de cigarros eram jogadas ao chão e pisadas, em ambientes externos. O cinzeiro era apetrecho essencial a adornar mesas das casas e de escritórios. Mendigos recolhiam "bitucas" nas calçadas para aproveitar o toco do cigarro jogado fora. Personagens elegantes ofereciam cigarros armazenados em cigarreiras luxuosas e acesos com isqueiros por vezes sofisticados. Em ambientes mais rudes, riscava-se fósforos em qualquer superfície para acendê-los, como nos filmes de faroeste americanos, ou os anteriores de Charlie Chaplin. A longa piteira a suportar na ponta o cigarro era utensílio de elegância de senhoras da sociedade. Eram cenas habituais nos filmes de então.

Característica similar envolvia a bebida, geralmente servida de frascos de cristal nos lares, sempre abastecidos, como ritual observado pelo morador. Ao chegar em casa, dirigia-se descontraído ao móvel em busca de taça, por vezes já preparada pela mulher para o acompanhar em momento de lazer doméstico. A primeira pergunta ao visitante era sobre que bebida preferia. Cena do filme *Breakfast at Tiffany* (Bonequinha de Luxo, na versão brasileira) é ilustrativa. A personagem elegante, sobe pela escada de incêndio e entra pela janela do quarto de seu vizinho e amigo. São três horas da manhã e, desperto, ainda de pijama, deitado na cama, oferece bebida à visitante inesperada àquela hora da madrugada. Ambos a degustam, com o cigarro acesso distraidamente a acompanhar a conversa fora de hora e de lugar.

Nos filmes de 007, o agente especial James Bond é mítico personagem de ações de espionagem. É conhecido por apreciar vodca a ele preparada da forma de sua preferência, sorvida em bares de hotéis e cassinos de luxo. Está sempre sóbrio e elegantemente vestido pelo melhor alfaiate da Savile Row, de Londres, para qualquer ocasião, desde o jantar formal às recepções esportivas. É sedutor, cercado de mulheres bonitas e atua em ações sempre bem-sucedidas. Porta arma especial com a qual dispara tiros precisos e mortais contra adversários. Tem licença para matar. O quadro róseo de uma atividade de risco contrasta com o da descrição realista da vida do agente secreto, solitário e alcoólatra retratado por John Le Carré (pseudônimo de David Cornwell) em "O Espião que saiu do frio". Hospeda-se em hotéis baratos, cercado de perigos na difícil tarefa de se infiltrar nos serviços de inteligência da então República Democrática Alemã. Sua missão é desmoralizar agente local e salvar correligionário infiltrado. É personagem de semblante triste e amargurado, despido de encanto pessoal. Ingere bebidas alcóolicas não como ato de elegância e divertimento, mas como vicio contraído na atividade. A trama não desperta o fascínio e a popularidade da obra de Ian Fleming e de seu herói James Bond. A fantasia prepondera sobre a realidade.

A campanha contra o uso do tabaco, ao obrigar a inclusão nos maços de cigarros da advertência de que o fumo pode causar câncer, produziu algum efeito. Não se veem mais cenas cinematográficas a exaltar subliminarmente o seu uso, como no passado. O hábito de fumar deixou de ter o encanto de outrora. Passou a ser visto como propagador de fumaça a invadir pulmões alheios. A bebida deixou de ser ingrediente de cenas corriqueiras, embora não tenha desaparecido. A juventude foi beneficiada. O estímulo propiciado pelo entretenimento daquele período perdeu eficácia.

Esgotado ciclo, à semelhança dos filmes musicais, surgiu outro, o das cenas de violência física, dos tiroteios e das mortes, por vezes precedidas de torturas. São temas habituais a exibirem modos de vida apresentados como fatos do cotidiano. Substituem o modelo dos fumantes e alcoólicos pelo da truculência e do morticínio desenfreado, como acima referido.

É possível que o efeito dessas cenas repetidas diariamente nos cinemas e em quase todos os canais de televisão, em todos os horários, seja estímulo à jovens a disparar armas de fogo contra colegas em salas de aula, como se fosse ator a compor episódio de filmes assistidos em casa, sem a percepção da gravidade do ato. Ao vitimar inocentes, é ele também vítima de sistema que salienta a turbulência hostil e sangrenta como forma de diversão e de entretenimento.

As campanhas para o desarmamento nos Estados Unidos silenciam sobre o foco dominante da arte do cinema e da televisão atual. Abordam a morte nos centros urbanos pacíficos como algo corriqueiro, sem destacar a excepcionalidade de comportamentos hostis e agressivos, não usuais e não previsíveis. A provisão constitucional daquele país de assegurar a autodefesa privada por meio de armas, do final do século XVIII, mantém a população apegada ao uso pessoal de armas. Mais de dois séculos passados, as condições da época se modificaram. Os vilarejos então pouco povoados, a área rural ainda escassa de populações, a necessidade de as pessoas contarem com seus próprios meios para se defender eram condições a justificar a autodefesa armada. Cada cidadão tinha o direto de se proteger por meio de armas em sua própria casa. Era o ideário que inspirou a provisão da Constituição daquele país.

Os tempos atuais são outros.

As condições antigas foram modificadas com o aumento da população em todos os rincões, e pela tecnologia a requerer adaptações do legislador. A percepção pública da morte pode contrastar com os efeitos privados pela perda de entes próximos, atenuado, embora, pela sua banalização, como algo corriqueiro exibido pelos meios de comunicação, sobretudo pelo cinema e pela televisão. Os jogos eletrônicos para distração de jovens focalizam cenas de violência e de mortes, com personagens abatidos como objetos inanimados, mas simbolizados em pessoas. Não há demonstração de pesar e sim de regozijo pelo sucesso do ato de matar no jogo eletrônico.

Um dos sintomas a revelar a insensibilidade do fato da morte é o término do costume milenar do luto, com regras sociais a impor respeito e demonstração pública de dor de parentes do falecido. É prática que foi, aos poucos, desaparecendo e, atualmente, pode-se dizer extinta. Não se veem mais pessoas com vestimentas típicas do luto, antes observado por certo período após o falecimento do parente próximo. É o que destaca Frédéric Rouvillois, ao lembrar ter sido, até em passado recente, um ritual social por excelência, observado com certo rigor. Atualmente, acrescenta, à necessidade do luto seguiu-se sua interdição. "O luto sai de moda e invisíveis cortejos transportam-se como que por magia para cemitérios aprazíveis verdejantes e agradáveis de se olhar, como os campos de golfe."[13]

Os terrenos atualmente destinados à cemitérios são planos e serenos, envoltos em silêncio, Propiciam visão e paisagem de paz e sossego, ao sopro de leve brisa a dar ar bucólico e campestre ao local. Inspiram recolhimento, devoção e respeito. Contrastam com os tradicionais, recheados de pesados túmulos, encimados por estátuas ou construções lúgubres e sombrias, propícios para cenas de filmes de terror e para alimentar fantasias de assombrações. São como antessalas de espera para julgamentos implacáveis e perspectivas de condenação a purgatório ou ao inferno.

É o efeito benéfico da mudança de mentalidade. A morte enxergada como etapa rotineira de paz e de descanso eterno, como epílogo da vida de cada um. Não mais como transição para outro ciclo subordinado a julgamentos severos e de punições pregados por sacerdotes raivosos, no exercício de seu poder de influir; nem referências às encarnações passadas e futuras. A atitude comum das pessoas, em velórios é diversa, sem julgamentos. Prevalecem demonstrações de afeto, solidariedade e de conforto aos familiares de que o falecido repousa das atribulações da vida, ora terminada. "Descanse em paz" é refrão repetido com frequência, como gesto de simpatia aos parentes e ao defunto, pelo acontecimento infausto. É o senso comum de pessoas dotadas de compaixão e despidas de fanatismos religiosos, a encarar a realidade da vida.

I.8- A punição depois da morte

Teorias religiosas elaboram punições após a morte como instru-

13 FRÉDÉRIC ROUVILLOIS, *A história da polidez*, Grua Livros, São Paulo, 2006, p. 352 e 353.

mento eficaz do poder religioso para refrear condutas inadequadas de crentes, ou para impor obediência a rituais e crenças. O efeito nefasto e cruel é alimentar mitos e fanatismos religiosos e, com frequência, induzir a ódios e a perseguições. A convicção geral de que existe inferno, para onde vão os que praticam maldades, é instrumento de que se servem pregadores religiosos para exercer o poder sobre fiéis, ansiosos por proteção divina. Lúcida a observação de Bertrand Russell de que, se deus existe e é poderoso e bondoso e se me ama como a minha mãe, jamais me mandaria para o inferno[14]. Sabedoria popular de que é recheada a obra de Guimarães Rosa tempera a crença: "*...o demônio não existe real. Deus é que deixa se afinar à vontade o instrumento, até que chegue a hora de dançar. Travessia. Deus no meio*"[15]

Há contradição entre o amor e poder divinos e o inferno regido por satanás a inspirar ruindades despidas de perdão. Todo homem erra e pratica atos nefastos, consciente ou inconscientemente, por pensamentos, palavras ou ações. Mas, também faz bondades. Destoa da atitude de Jesus, ao condenar o comportamento de executores de punições e afirmar que, quem nunca errou, que atire a primeira pedra. Apedrejar o culpado é ato insincero. Todos somos culpados de atos não descobertos pela comunidade. Quem pune movido pela raiva, não pune, vinga-se, externa sentimento compreensível. Não está a fazer justiça. Atua sob o impulso da emoção irracional do momento, ou pela cegueira do ódio alimentado. Mas, quem pune friamente, no exercício do poder político, jurídico ou sacerdotal não é impulsionado pela emoção, mas pela força da posição de mando, a subjugar e impor sua vontade. Exercita o poder nu e autocrático.

A compaixão nem sempre inspira quem exerce o poder. Mesmo quem, ao exercê-lo, é por ela movido, está, na verdade, exercitando poder, o de perdoar. O perdão é sempre ato de poder, ainda que dirigido a quem é mais poderoso. O humilde servo que perdoa o rei pelos excessos e injustiças exerce poder sobre o rei. Perdão, é palavra que corresponde exatamente ao seu sentido, com a correspondência em ou-

14 Em outra obra, Bertrand Russell acentua: "Podemos lastimar de que não haja vida após a morte, mas seria um consolo pensar que todos os perseguidores, os antissemitas e impostores deixassem de existir por toda a eternidade. Alguns até poderiam dizer que eles se aperfeiçoariam com o tempo, mas eu pessoalmente duvido". *Religião e Ciência*, Funfec Editora, 2009, p.106.

15 GUIMARÃES ROSA, *Grande Sertão: Veredas*, Cia. das Letras, 22ª edição, 2019.

tros idiomas – o *forgive* inglês, o *pardoner* francês, o *perdonare* italiano. Em todos indica o dar, doar, conceder. É atitude que melhor atende aos anseios humanos de estimular harmonia e superar ressentimentos e rancores.

A figura do demônio a que se referem os cristãos em suas pregações, não difere da concepção expressa em diversas passagens do Corão muçulmano, da mesma raiz do Velho Testamento. É ilustrativa a menção feita na Surata V, 93: "*Satanás quer provocar o ódio e a inimizade entre vós pelo vinho e o jogo e vos distanciar da lembrança de Deus e da oração, Não vos abstereis diante disso?*". Outras menções no mesmo tom indicam satanás com a capacidade de influenciar comportamentos inadequados.

O temor de punições após a morte pode produzir o efeito de refrear atos nefastos e a contenção ou autocontenção de poderosos. Episódio da história da família Médici ilustra-o. O bandoleiro Montecisco, a soldo do Papa, inimigo dos Médicis, foi contratado pela família Pazzi, para executar atentado contra a vida dos irmãos Giuliano e Lourenço, no recinto da igreja, Era oportunidade única, pois os irmãos, cautelosos, nunca participavam de eventos públicos juntos. A missa de Páscoa, a que compareceria a mãe de ambos, tornaria possível o ato. Todavia, Montecisco, conhecido como "homem sem escrúpulos, para o qual nenhuma vida humana tinha valor, não queria ser culpado de sacrilégio: matar, sim, mas não em uma igreja"[16] É o efeito benéfico do temor religioso a refrear condutas nocivas de crentes no poder divino de castigos depois da morte. O espectro do inferno para onde vão os transgressores pode ser suficientemente forte para induzir abstenções de atos maléficos.

A recusa da participação do notório bandoleiro, contudo, não impediu o prosseguimento da trama, cuidadosamente urdida. O atentado foi executado pelos próprios homens dos Pazzi, precedido de abraço amistoso à porta da igreja para apurar se estavam vestindo malhas protetoras sob suas vestes. Não estavam, o que facilitaria a tarefa da qual resultou a morte de Giuliano, tendo sobrevivido Lourenço, ferido. O atentado no local sagrado da igreja, em dia também sagrado de Páscoa, provocou revolta na população que investiu contra os atacantes, em praça pública, vitimando-os após terem deixado a igreja. A punição,

---

16 MARCEL BRION, *Les Médicis,* Edition Albin Michel, 1969, Novara, Itália, p. 135

nesse caso, não foi divina, mas do próprio povo, afeiçoado à família atingida e inconformado com a violação do recinto religioso.

I.9 – A mitologia e os livros sagrados

A mitologia e os livros sagrados têm o poder de influir nas civilizações que os cultuam, como a Bíblia, o Talmude e o Corão, a balizar o comportamento de pessoas e de civilizações. É o caso do consumo do vinho, ora destacado pela diversidade de tratamento entre os descendentes da cultura greco-romana, judaico-cristã, em contraste com os islâmicos. Entre os gregos e romanos era usual e patrocinado por deuses, sem considerações morais. No islamismo é condenado.

Breve relato da mitologia greco-romana ilustra-o. O deus grego Dionisio (Baco, na versão romana), era filho de Zeus (Júpiter) com a mortal Sêmele, filha do rei Cadmo, de Tebas. Segundo a mitologia, Zeus prometeu dar a Sêmele o presente que quisesse. Manifestou ela o desejo de vê-lo como era, sem disfarce, pois, sendo deus, não era visível aos mortais. Zeus ofereceu-lhe alternativas, mas ela as rejeitou e insistiu no pedido de vê-lo como era na realidade. Zeus acabou por ceder. Ao fazê-lo, desfez-se do disfarce humano, com o que provocou intensa luminosidade e calor que causou a morte de Sêmele por queimadura. Estava ela grávida de seis meses. Hermes (Mercúrio), estando por perto, resgatou das cinzas do ventre de seu corpo o filho Dionísio. e o costurou em Zeus, onde cresceu pelos restantes três meses para completar o tempo da gravidez.

Ao nascer e ser separado de Zeus, seu pai, Dionísio foi levado por Hermes, que o transformou em um bezerro de cabra e o escondeu no Monte Hysa, para evitar ser atingido pelos Titãs, por ordem da ciumenta Hera (Juno), mulher de Zeus. Dionisio foi alimentado por ninfas com leite e mel. Após ter crescido e tomado a forma de deus, começou a experimentar suco de uva dos vinhedos do Monte e logo inventou o vinho. Passou a viajar em companhia de seguidores e do filho de Hermes, Silenus, em constante embriaguez. Dionísio viajou para o Egito e norte da África até a Líbia e revelou o segredo da fabricação do vinho em todos os lugares por que passou.

Esse sintético resumo da origem do vinho, provido pela mitologia grega, é recheada de pormenores a fazer crer na veracidade dos fatos, a influir no imaginário das pessoas. As inúmeras estátuas e pinturas de cenas com deuses, ninfas, sátiros revelam a força da mitologia a influir em artistas e na população em geral. O vinho, criado pelo deus Dionísio (Baco) foi, portanto, invenção divina, sem considerações de moralidade.

O Velho Testamento, matriz ideológica do judaísmo, do cristianismo e do islamismo, contém referências ao vinho, como o Salmo 104-15, atribuído a David, assim redigido: "o vinho, que alegra o coração do homem; o azeite, que lhe faz brilhar o rosto, e o pão, que sustenta o seu vigor." Há outras referências, como em Provérbios 31.6: Dê bebida fermentada aos que estão prestes a morrer, vinho aos que estão angustiados." Da mesma forma, encontra-se em Timóteo 5.23: "Não continue a beber somente água; tome também um pouco de vinho, por causa do seu estômago e das suas frequentes enfermidades."

Outro relato, desta vez do Novo Testamento, indica o costume da ingestão da bebida, em João, 2:1.11, em que Jesus transformou água em vinho. É oportuna a transcrição do texto bíblico, a conferir o caráter festivo a ingestão do vinho:

> "Disse Jesus aos serviçais: "Encham os potes com água". E os encheram até a borda. Então lhes disse: "Agora, levem um pouco ao encarregado da festa". Eles assim fizeram, e o encarregado da festa provou a água que fora transformada em vinho, sem saber de onde este viera, embora o soubessem os serviçais que haviam tirado a água. Então chamou o noivo e disse: "Todos servem primeiro o melhor vinho e, depois que os convidados já beberam bastante, o vinho inferior é servido; mas você guardou o melhor até agora". Este sinal milagroso, em Caná da Galileia, foi o primeiro que Jesus realizou. Revelou assim a sua glória, e os seus discípulos creram nele[17]

Na celebração da missa cristã, o vinho faz parte integrante do ritual da missa em rezas diárias, a simbolizar o mesmo caráter festivo da bebida a acompanhar repasto com amigos e familiares.

Pode-se concluir desse sintético relato que a ingestão de vinho integra a cultura ocidental desde os tempos bíblicos e da civilização greco-romana. Não obstante recomendações sobre a moderação do seu consumo, não há considerações de ordem moral a reprimi-lo, salvo os excessos para evitar embriaguez e os efeitos nefastos consequentes.

---

17 João 2:1-11

De maneira diversa dispõe o Corão, base da cultura religiosa muçulmana, a desestimular o consumo de bebidas inebriantes, que inclui o vinho, como se lê da Surata 5.90: "Ó crentes, as bebidas inebriantes, os jogos de azar, (a cultuação aos) altares de pedra, e as adivinhações com seitas, são manobras abomináveis de Satanás. Evitai-as, pois, para que prospereis. 91 Satanás só ambiciona infundir-vos a inimizade e o rancor, mediante as bebidas inebriantes."

Se a cultura greco-romana e o Velho e o Novo Testamento cultuam o vinho, o Corão é enfático ao condenar o consumo de bebidas alcoólicas em geral, sem citar o vinho, mas incluído no conceito.

Essa diferença de percepção sobre o consumo de tais bebidas tem reflexos expressivos no tratamento da matéria pelas diversas civilizações. É fato notório a tentativa dos Estados Unidos de banir no país o consumo de bebidas alcoólicas por meio da 18ª Emenda à Constituição. Estabeleceu-se o que ficou conhecido como a "Lei Seca", com a proibição da fabricação, comércio, transporte, exportação e importação de bebidas alcoólicas. Foi resultado de pressões de grupos religiosos e conservadores contra o consumo do álcool no país. A proibição vigorou por 13 anos (1920-1933), quando, finalmente, revogada no governo de Roosevelt, às voltas com a recessão e o desemprego, de que resultou a quebra da Bolsa de Valores de Nova Iorque.

Durante sua vigência floresceu o crime organizado, com violação constante das normas legais, com a conivência de parte da população não conformada com a proibição. O uso de subterfúgios os mais diversos contou com a ação de grupos criminosos organizados para burlar a legislação. Tratava-se, afinal de lei aprovada por autoridades estatais divorciadas do ideário da sociedade civil, ancorada no cristianismo e nos valores ocidentais que sempre admitiram certa flexibilidade no trato com as bebidas alcoólicas. Afinal, Jesus, ele próprio havia transformado água em vinho, a indicar a compatibilidade da bebida com hábitos da sociedade e preceitos religiosos. No Brasil é comum ver cena no balcão de bares populares, de frequentador a entornar o cálice para derramar no chão, delicadamente, um pouco da bebida alcoólica para os deuses, antes de sorvê-la. Da mesma forma, é refrão rotineiro a referência às "leis que não pegaram", normas editadas pelo Estado sem suporte na população, que não as observa.

É o caso da proibição da chamada lei seca, experiência norte americana, cujo resultado foi o estímulo à organização de grupos criminosos para burlar a proibição, com a conivência de usuários.

Já nos países árabes, o veto ao consumo de bebidas alcoólicas provém do Corão. A matriz da proibição não é ato de autoridades estatais, mas do livro sagrado dos muçulmanos: "Satã deseja excitar o ódio e a inimizade entre vós pelo vinho e o jogo e vos distanciar da lembrança de Deus e da prece. Não vos se absterei então.?...."[18]. O caráter religioso da proibição, portanto, não advém do Estado, mas da religião. Daí a efetividade da abolição do consumo de álcool pela população formada e informada por princípios corânicos. É a eficácia de preceitos religiosos a pairar sobre autoridades estatais, com observância da população que os aceita e os transmite para as gerações vindouras.

O contraste entre duas culturas, amparadas por livros sagrados e pela mitologia que os cerca, ilustra a força da religião na consciência dos povos, não subjugada por autoridades estatais. Os efeitos, embora não notórios, como no episódio da "lei seca" norte americana, transitória e ineficaz, e a abstenção árabe por razões religiosas, eficaz e duradoura, retratam a influência da religião a nortear o comportamento social.

I.10 - Conflitos entre poderes religiosos

Essas considerações levam a refletir sobre credos religiosos com maior expressão mundial, com ramificações diversas. As religiões de abrangência universal mais conhecidas atualmente são a cristã, a muçulmana islâmica e a budista, em contraste com as raciais, ou de grupos étnicos como o judaísmo, hinduísmo e o xintoísmo, restritas ao âmbito dos povos que as cultuam. Há outras religiões regionais, como o candomblé e a umbanda, de origem africana de forte influência em certas partes do Brasil, com o sincretismo católico que adquiriram, além das cultuadas por outras civilizações, como a de Bali e de silvícolas, já referidas.

Sob outra ótica, pode-se destacar as religiões fundadas no mesmo ideário, como o Velho Testamento, do qual advém o judaísmo, o cristianismo e o islamismo maometano e nos livros sagrados dele derivados, como Torá e Talmude judeus, os Evangelhos cristãos e o Corão muçulmano.

No cristianismo destaca-se a milenar Igreja Católica que, em sua

18 Trecho da Surata V, 93 do Corão, *Le Coran*, Jean de Bonnot, edição especial, 1993, p. 101.

história enfrentou dissensões e rivalidades intestinas. Disputas por poder político ou de interpretação de dogmas religiosos estão na raiz de algumas delas, como as verificadas no século IX, iniciadas com partidários eslavos da Bulgária. Dois monges gregos, Methodius e Cirille pregavam o cristianismo em língua eslava na Moravia e na Bulgária. Nasceu daí a rivalidade entre o patriarca grego e o bispo de Roma, que se prolongou até o século XI, com a separação definitiva da matriz Ocidental, do ramo que ficou conhecido como Ortodoxo.

Uma das causas dessa dissensão foi a resistência à realização de cultos no idioma nativo e não em latim, como então adotado por Roma. Segundo esclarece Charles Schmidt[19], foram construídas numerosas igrejas na Moravia, Bulgária e Panonia - antiga província romana em que atualmente se situam parte da Hungria, Áustria, Croácia, Sérvia, Eslováquia e Bósnia–Herzegovina - de cultos cristãos, inicialmente no idioma tradicional da Igreja Ocidental. Todavia, com a chegada do monge Methodius, em 872, as populações se separaram dos pregadores estrangeiros, preferindo os de sua própria região, no idioma eslavo. Perseguições e expulsões forçaram monges a se refugiar em Constantinopla. A divisão se aprofundou com a dissensão entre o Papa Leão IX (1002-1054) e o Patriarca Miguel I Cerulário (1000-1059), dela resultando o grande cisma da Igreja, em 1054, com a excomunhão recíproca dos chefes religiosos e o nascimento da Igreja Ortodoxa atual, com sede em Istambul, a congregar cerca de 250 milhões de fiéis.

Outra divisão de vertentes, sob o mesmo ideário religioso, está na resistência de Martin Lutero à política de venda de indulgências então corrente, aprovada pelo Papa Leão X. A publicação de suas 95 teses na porta da Igreja de Wittenberg, no século XVI foi o estopim para o nascimento de novo ramo religioso que se firmou, com a inauguração do Protestantismo, reforçado pelo movimento denominado Reforma, capitaneado pelo suíço Calvino.

O então poderoso Papa Leão X foi afrontado em seu poder, em pleno século XVI, de supremacia da Igreja na Europa. A rebeldia do monge alemão, ao condenar a venda das indulgências, resistia à notória mercantilização da religião. Atitude perigosa que lhe valeu a excomunhão em tempos de Inquisição. Foi condenado pelo Papa e pelo

19 CHARLES SCHMIDT, *Histoire des Cathares,* Jean de Bonnot, Paris, MCMXCVI, a pp. 4-9.

Imperador do Sacro Império Romano Germânico, Carlos V, mas salvo pela intervenção do príncipe Frederico, que se recusou a adotar sanções contra Lutero. Relatos da época dizem ter ele sonhado com o fato na noite anterior à publicação das teses, o que teria influído na sua decisão de dar amparo ao monge rebelde[20].

A publicação dessas teses repercutiu. Foi marco de outra divisão do cristianismo, que causou tanto sofrimento na Europa, com a identificação de países e povos fiéis ao catolicismo e aos que aderiram ao que se qualificou como protestantismo, pelo protesto contra a política religiosa da época.

Não foi incidente de curta duração. Até hoje perdura a divisão do cristianismo nas suas ramificações principais, embora amenizadas sem os embates armados que a caracterizaram no passado, sobretudo nos séculos XVI e XVII.

As viagens dos últimos Papas para países que adotam vertentes religiosas diversas da católica, recebido com cordialidade pelas populações e pelas autoridades eclesiásticas locais são sintomas de superação de rivalidades e de harmonia a presidir o convívio com outras crenças. É avanço significativo da Humanidade a ser comemorado, a ratificar princípios enunciados na Declaração Universal dos Direitos Humanos.

I.11 - Da intolerância à liberdade religiosa

Os exageros das punições religiosas contradizem o discurso de pregadores em nome da bondade de deus. As Ordenações Filipinas, posta em vigor pelo devoto Felipe II, rei da Espanha e restaurador da Inquisição naquele país, oferecem o exemplo da crueldade e da falta de compaixão a mover autoridades públicas, inspiradas na religião. O foco inicial da repressão da Inquisição espanhola eram judeus e mouros, que haviam inspirado os reis Fernando e Isabel, estimulados pela figura notória e sombria de Torquemada, a instalá-la no país. Sendo os judeus os mais ricos da Espanha, no século XV, credores de comerciantes cristãos, atraiam reação raivosa a incriminá-los na Inquisição.[21]

O questionário submetido ao investigado era recheado de pergun-

---

20 SIDARTA RIBEIRO, *O Oráculo da Noite – A história e a ciência do sonho,* Companhia das Letras, 3ª reimpressão, 2009, São Paulo, p. 79/80; O livro contém relato do sonho do Príncipe Frederico.

21 PIERRE ZACONE, *Histoire des Societés Secrètes*, Jean de Bonot, Editor, Paris, 1995, p. 212

tas sobre práticas reveladoras da verdadeira fé religiosa. As respostas poderiam denunciar a afeição a outra religião, como a observância do *sabath,* ou do jejum em determinados momentos ou, ainda, o comportamento na quaresma cristã. Nem sempre a conversão de judeus ao cristianismo era suficiente para livrá-los das garras de inquisidores.

Os motivos de Filipe II, todavia, eram outros. Procurava conter o entusiasmo popular pelas ideias de Martin Lutero, na Alemanha, abraçadas pelos príncipes das diversas cidades-estado contra o Papa, por eles considerado indigno evangelista de Jesus. Havia risco sério de contaminar outras regiões europeias, sob domínio dos Habsburgos. Além disso, havia o movimento dos anabatistas, que negavam o batismo como medida de ingresso no cristianismo.

Agravava o quadro então delineado a fundação da Igreja Anglicana pelo rei Henrique VIII, na Inglaterra, como reação contra o Papa, a fundação por Inácio de Loiola da Ordem dos Jesuítas e a afirmação de Copérnico de a Terra girar em torno do sol, a contrariar entendimento religioso de ser a Terra o centro do universo. Foram ocorrências do mesmo século XVI, a requerer reações.

Aliado do Papa, o objetivo de Filipe II era eliminar o risco de perda de poder político para o protestantismo em franca ascensão no decadente Império Romano Germânico. Se o antagonismo a judeus e mouros tinha pretexto religioso, com a rivalidade provocada pela adoração de deus diverso dos cristãos, a investigação e punição de protestantes tinha cunho político para conter e afastar adversários da mesma fé religiosa.

No palácio que mandou construir, o portentoso Escorial, seu quarto de dimensões modestas possui janela de onde podia assistir rituais de missas na nave da igreja contígua. Devoto piedoso dos rituais católicos e, ao mesmo tempo, patrocinador da cruel Inquisição a atormentar infelizes seres humanos. Foi puro exercício do poder religioso, amparado pelo poder político sobre a comunidade.

As punições contra crimes graves impostas nas citadas Ordenações portuguesas, ao preverem a morte precedida de crueldade, ou seja, de tortura, ignoram os preceitos que inspiraram e inspiram a doutrina cristã, base da própria da pregação de Jesus. Ignorados pelo poder público, serve, atualmente de exemplo negativo de legislação iníqua de tempos presididos pela fé religiosa.

Em paralelo, a história registra a ação de sacerdotes, em nome da religião para punir hereges e violadores da fé cristã. É emblemática a punição imposta a Giordano Bruno, pelo Santo Ofício da Inquisição, executado em 17 de fevereiro de 1600, no Campo das Flores, em Roma. Embora não se tenha relato de sua execução, há o de um escocês em Roma, condenado por heresia na mesma época, 1595: "*Para aterrorizá-lo, uma enorme pilha de lenha, carvão, gravetos e mais iode dez cargas de piche foi preparada para a ocasião, foi-lhe feita uma saia de piche, preta como carvão, que se estendia da cintura aos pés, ele foi obrigado a vesti-la sobre sua carne nua, para que não morresse tão rapidamente, e sua vida fosse consumida pelo fogo de maneira mais dolorosa possível. Ele foi conduzido ao cadafalso com uma grande escolta e obrigado a sentar-se em uma cadeira de ferro ao lado do fogo, que havia sido aceso.*[22]

O filme *O nome da rosa,* baseado em obra de Umberto Eco, mostra o ambiente que predominava na época, 1327, de forte influência religiosa. O poder do Papa João XXII era incontrastável e dominador, sob o qual pairava o espectro da Inquisição. O livro aborda a investigação de que foi encarregado o monge franciscano Guilherme Baskerville e o noviço beneditino Aslo, narrador dos fatos. Tem por missão descobrir homicídios em abadia longínqua, instalada em castelo com torre a abrigar extensa biblioteca, dotada de labirintos e espelhos a dificultar o acesso aos livros nela estocados. Está fechada por ordem do Abade. A tortura determinada pelo Inquisidor enviado pelo Papa faz parte da trama, a mostrar o interesse em executar pessoas, independentemente de serem ou não culpados. O obscurantismo preside o ambiente eclesiástico, com invocação de satanás a influenciar pessoas, com imputação de bruxarias.

Da mesma forma, o vezo religioso a inspirar autoridades do credo muçulmano leva-as a investirem contra fiéis infratores ou contra infiéis, que não têm a mesma crença. Em tempos recentes, a imprensa noticiou apedrejamento de pessoas devotas do islamismo. O Sultanado de Brunei aprovou reforma legislativa, fundada na lei islâmica *(shaira)*, com a previsão de apedrejamento e mutilação de pessoas condenadas por crimes como adultério ou homossexualismo e outros delitos. Da mesma forma, o regime do Talibã, no Afeganistão, condenou mulher

---

22 Ingrid Rowland, *Giordano Bruno, Philosopher/Heretic,* Nova Iorque, Farrar Strauss e Giroux, 2008, apud COSTIGA BRADATAN, *Morrer Por Ideias*, Grua Livros, 2015, São Paulo, p. 299.

ao apedrejamento pelo crime de adultério.[23]

A crucificação, prática comum no passado, importava em submeter condenados à morte à procedimento cruel. O crucificado, com os braços estendidos em cruz a sustentar o corpo dependurado, ficava com os pulmões pressionados a impedir a respiração, em processo lento e inexorável de morte. Não bastava tirar a vida do condenado. Havia que fazê-lo sofrer antes de expirar. A Inquisição do Santo Ofício não a adotava, mas empregava outros métodos nos procedimentos de interrogatório e de punições cruéis para os hereges.

Foi prática a perdurar por longos anos na Itália e Espanha, a se tornar marco da supremacia da intolerância, crueldade e da superstição a pairar como nódoa indelével na história da Igreja Católica e do poder sacerdotal. Dentre as relatadas registra-se a de passar azeite nos pés da vítima, posta deitada em leito elevado, abaixo do qual um fogareiro para fritá-los. Outra, adotada atualmente por militares com certa habitualidade contra inimigos ou suspeitos de espionagem, é a de afogamento, com o despejar água na boca e no nariz da vítima, sobre a qual um pano a faz escoar para o interior do corpo, sufocando-a. Além dessas duas havia o chicote e a tortura da corda, em que a vítima tinhas as mãos amarradas acima da cabeça e presas à uma corda que içava o corpo a grande altura e o soltava abruptamente, provocando o desconjuntamento do esqueleto.

Eram atos solenes assistidos por sacerdotes e por médicos atentos para evitar o óbito. O objetivo era simplesmente fazer sofrer, não matar, ato posterior, por meio de fogueira, a assar seres vivos.[24] A imaginação humana é fértil sobre o tema. No Brasil o conhecido "pau de arara" e choques elétricos ainda infelicitam suspeitos de ações delituosas em delegacias de polícia, ou de atividades terroristas durante o regime militar.

O livro *O queijo e os vermes*, de Carlo Gisburg[25], reproduz parte dos autos do processo de inquisição a que foi submetido Menochio, um moleiro alfabetizado, o único da localidade em que vivia. Lia panfletos anticatólicos e externava opiniões, que lhe valeram o processo na Inquisição. A primeira condenação obrigou-o a circular pela comunidade

23 Jornal *El Pais*, Espanha, de 03 de abril de 2019

24 PIERRE ZACONE, *Histoire des Societés Secrètes*, Jean de Bonnot, Editor, Paris, 1995, p. 226

25 Companhia de Bolso, Rio de Janeiro, 2006.

com a bata alaranjada dos hereges, que lhe prejudicava muito, sendo alvo de discriminações. A segunda levou-o à fogueira. As perguntas a ele feitas nos interrogatórios registradas em ata minuciosa mostram a mitologia acreditada como realidade que não poderia ser afrontada, O interrogatório é verdadeira obra de ficção na qual se fiavam os inquisidores, dotados de poderes sacerdotais. A cada pergunta não respondida, ou com resposta inadequada, provocava a ordem para girar a roda a que estava preso por corda em roldana.

Os Templários, cuja pobreza inicial os fazia dividir um cavalo para dois cavaleiros, também se esmeravam na tarefa religiosa a combater adversários ou inimigos religiosos. Sua empreitada para a reconquista de Jerusalém tornou-os populares e beneficiários de doações pias de devotos, ávidos por benesses divinas *post mortem.* Com apoio de São Bernardo, seguiram suas aventuras, acumulando enorme fortuna em castelos, imóveis e dinheiro. Não foi acontecimento de curta duração. Permaneceram com poder por mais de 150 anos, a entusiasmar católicos com suas iniciativas religiosas, belicosas e, ao mesmo tempo, lucrativas. Despertaram a cobiça do rei francês, Felipe, o Belo, que lhes confiscou o patrimônio, sob o pretexto de falta de lealdade ao país, em sua disputa com o Papa Inocêncio III. [26]

Ao perderem poder e riquezas, foram os Templários, eles próprios, também vítimas de perseguições, torturas e punições no reinado de Filipe, o Belo.

O histórico das punições religiosas do passado assusta por terem sido executadas em nome da divindade. Mas, não desapareceram de todo. Resquício daqueles tempos sombrios perduram no final do século XX e início do século XXI. Demonstra-o a condenação à morte do escritor Salman Rushdie pelo Aiatolá Khomeini, do Irã, por meio de pronunciamento legal (*fatwa*). Foi motivado por referências tidas como ofensivas ao profeta Maomé no seu livro "Versos Satânicos". A repercussão do ato entre muçulmanos provocou onda de violência em diversas cidades e a queima de exemplares de seus livros, como noticiado pela televisão, em 1989. Livrarias foram destruídas e pessoas mortas. Sua cabeça foi posta à prêmio, com oferta de US$2 milhões. Ao sentir-se seguro, após passar onze anos escondido, acreditando ter

26 Sobre a trajetória dos Templários e o morticínio que causaram, vide GIORGIO PERRINI, *Les aveux de Templiers,* Jean de Bonnot, Editor, Paris, 1992.

cessado os efeitos da condenação religiosa e o furor despertado contra ele, aceitou proferir palestra na Chautauqua Insitution, em Nova Iorque. Enganou-se. Foi esfaqueado, em pleno palco, em 12 de agosto de 2022, no abdômen e no pescoço. O estigma imposto pelo Aiatolá permaneceu a pairar sobre aquele escritor.

Nessa mesma linha registra-se a morte de jovem pela polícia de costumes do Irã, em 2022, por usar corte de cabelo em desacordo com ditames religiosos. A reação da sociedade, com registro de mortes em diversas partes do país e a repercussão internacional negativa, compeliram o governo a abolir aquela polícia. Pode ser rebeldia a provocar modificação e abrandamento de costumes influenciados pela religião em tempos de exploração espacial e de avançada tecnologia da informação. Podem sensibilizar as autoridades religiosas a modernizarem hábitos ultrapassados e incompatíveis com o mundo contemporâneo.

Aprendemos, nos bancos escolares, que Galileu Galilei fora astrônomo com notáveis descobertas científicas, dentre elas a de a Terra girar em torno do sol, como preconizado por Copérnico. Essa afirmação levou-o a ser investigado em 1615 pela Igreja e submetido à Inquisição Romana, que concluiu ser ele herege por contradizer as escrituras sagradas. Foi condenado e forçado a se retratar, tendo passado o resto de sua vida em prisão domiciliar. Dizia-se ter ele, ao se retratar, dito em voz baixa, que a Terra se movia. Tínhamos a noção do absurdo da condenação religiosa de cientista como decorrência de era do obscurantismo medieval. Parecia fato ultrapassado e jogado nos escaninhos da História.

Ilusão. O conflito entre Galileu e as escrituras sagradas persiste. Em 1925, em pequena localidade do Tennessee, EUA, professor foi preso por ensinar em escola pública a teoria da evolução de Charles Darwin. Violara lei estadual que proibia expressamente o ensino dessa teoria. O fato despertou a atenção da imprensa. Um dos jornais de circulação nacional contratou conhecido advogado, Clarence Darrow, para patrocinar a defesa do professor. A acusação contou com outro causídico notável, William Jennings Bryan, celebridade política, que fora candidato a presidente dos EUA e notório conhecedor da Bíblia. Os advogados, amigos de longa data, guardavam mútuo respeito, embora com opiniões discordantes. Aceitaram a incumbência para defendê-las perante júri integrado por pessoas do local. As sessões do julgamento demoraram alguns dias, sob intenso calor, tendo provocado o afluxo de dezenas de jornalistas para cobrir o fato, que ficou conhecido como Julgamento do Macaco. A população local mobilizou-se contra o professor, em manifestações em favor da aplicação da lei proibitiva do ensino da teoria darwiniana. Ao final, o professor foi condenado a pagar a multa simbólica de US$100,00.

Esses fatos foram imortalizados em filme de Stanley Kramer, exibido em 1960, e produções posteriores. O título do filme, "O vento será tua herança", vem do Livro de Provérbios, 11:29: "O que perturba a sua própria casa herdará o vento". A qualidade dos intérpretes valorizou a obra, de grande atualidade. Spencer Tracy, como advogado de defesa do professor e Frederich March, de acusação. Versões posteriores daquele episódio demonstram o interesse e atualidade da polêmica retratada nos filmes.

Os fatos ocorreram em 1925, mas não são coisas do passado. Ao contrário, continuam a ocorrer, como se nota da notícia da proibição na França, em 2010, de jovens ingressarem em recinto de universidade com vestimentas islâmicas (burca e nigab), a persistir em 2023, como noticiado pela imprensa. O uso do véu islâmico, igualmente, foi vetado em competições esportivas. O argumento do governo de que o uso dessas vestimentas caracteriza violação dos direitos da mulher reflete visão ocidental, não corroborada pelo Comitê de Direitos Humanos da ONU que, em 2018, considerou a proibição violação dos direitos humanos.

A ocorrência em país de maioria católica, em pleno século XXI, revela a persistência de bolsões da intolerância religiosa. O repúdio à vestimenta denunciadora de opção religiosa tem conotações graves com a discriminação, na França, de jovens em universidades e locais públicos. Não discrepa, ao contrário, situa-se no mesmo quadro da já referida perseguição e morte de jovem no Irã por corte de cabelo em desacordo com costumes religiosos. É a evidência de que, em pleno século XXI, persiste o tratamento discriminatório contra pessoas adeptas de fé religiosa diversa, a contaminar as relações humanas.

No Brasil noticia-se forte intolerância religiosa contra adeptos das religiões de origem africana, candomblé e umbanda, com o veto de ingresso de mães ou pais de santo em hospitais para atender pacientes a elas afeiçoados. Mesmo em manifestações públicas registra-se intolerância contra participantes de ações religiosas, com agressões verbais, por vezes até físicas, a eles infligidas. Segundo relato de André Bernardo, da BBC News Brasil, de janeiro de 2023: "O número de denúncias de intolerância religiosa no Brasil aumentou 106% em apenas um ano. Passou de 583, em 2021, para 1,2 mil, em 2022, uma média de três por dia. O Estado recordista foi São Paulo (270 denúncias), seguido por Rio de Janeiro (219), Bahia (172), Minas Gerais (94) e Rio Grande do Sul (51). A maior parte foi feita por praticantes de religiões de matriz africana, como umbanda e candomblé. Seis em cada dez vítimas são mulheres. Só nos primeiros 20 dias de 2023, o Disque 100, canal para denúncias de violações de direitos humanos, registrou 58 ocorrências"

O relato esclarece ainda: "[N]o ambiente virtual, o número de casos de intolerância religiosa quintuplicou em um ano. Segundo levantamento da Safernet, ONG que mantém uma central de denúncias de violações contra direitos humanos, como racismo, misoginia e xenofobia, os ataques online saltaram de 614, entre janeiro e outubro de 2021, para 3,8 mil, no mesmo período de 2022, um crescimento de 522%."[27]

Não é só contra religiões africanas que a intolerância religiosa se revela. Em passado recente, pastor evangélico quebrou em pedaços, no auditório em pregava, imagem de N. S. da Aparecida, em veemente desaprovação pública e desrespeitosa do culto católico. Foi admoestado por seus confrades, diante da repercussão negativa do gesto, tendo-se noticiado sua transferência para outro país, não tendo sido mais visto em pregações evangélicas pela televisão.

Ainda no quadro de intolerância religiosa, registra-se resistência de hospitais em aceitar recusa de adeptos de Testemunhas de Jeová de aceitarem transfusão de sangue por motivos de crença. A matéria foi examinada pelo Supremo Tribunal Federal, em 2024, sendo considerada tema de repercussão geral (Tema 1069) e julgado, por unanimidade, o direito dos adeptos daquela vertente religiosa de recusar transfusão de sangue. Prevaleceu a tendência geral de respeito ao sentimento religioso. Há precedentes de tribunais estaduais a reconhecerem o direito de recusa daquele procedimento fundado na fé religiosa[28] .

Ademais, a Lei 9.029, de 13.04.1995, proíbe a prática discriminatória para efeito de acesso a relação de emprego. "por motivo de

---

27 bbc.co.uk/portuguese/brasil-64393722

28 Processo n º 1.0000.23.247569-9/001 do Tribunal de Justiça de Minas Gerais

sexo, origem, raça, cor, estado civil, situação familiar ou idade, ressalvadas, neste caso, as hipóteses de proteção ao menor previstas no inciso XXXIII do art. 7º da Constituição Federal." Embora a lei não faça referência à motivo religioso, os tribunais têm incluído no conceito de discriminação a crença religiosa.

È o que se nota em recente decisão de 2024. O Tribunal Regional do Trabalho da 1ª Região, ao confirmar sentença de juiz que condenou empregadora por assédio religioso contra empregada que comparecia ao local de trabalho com vestimenta típica de sua orientação religiosa africana, candomblé, afirmou:

> "A liberdade religiosa e a consequente escolha da fé eleita é garantida constitucionalmente ao indivíduo ou grupo e jamais pode servir de atributo para qualquer tipo de tratamento discriminatório, seja aonde for - Art. 5º, VI, da CF. Assim agindo a reclamada, por seu preposto, excedeu o seu poder diretivo, agindo com abuso de autoridade, preconceito e perseguição, praticando ato ilícito inconteste, lesando a honra da autora, cuja compensação deve ser imperativa, dentro do preceito constitucional – art. 1º"[29]

Essa decisão ratifica que episódios como o acima relatado têm sido cada vez mais isolados por contrastarem com iniciativas para reduzir a intolerância religiosa, a afastarem de vez práticas discriminatórias, de que se ocupou o Concílio Vaticano II.

I.12 - A caminho da liberdade religiosa: o papel dos Papas

Os tempos sombrios das perseguições religiosas truculentas tornaram-se passado. Pelo menos como tendência de costumes. A Humanidade evoluiu e práticas de antanho têm merecido condenação geral, consideradas contrárias à normalidade do comportamento humano. Mesmo países que adotam a pena de morte para determinados crimes, ao executá-la servem-se de meios não dolorosos, como a cadeira elétrica ou a injeção letal, como adotada em alguns Estados norte-americanos. Em 2024, condenado à morte no estado do Alabama, tendo sobrevivido à execução por injeção letal, foi alvo de outro procedimento, tido como cruel, que é a asfixia por hipóxia de nitro-

29 Tribunal Regional do Trabalho da 1ª Região Recurso Ordinário Trabalhista 0100284-44.2022.5.01.0017 (Processo: 0100284-44.2022.5.01.0017); lhttps://www.migalhas.com.br/quentes/419563/

gênio. O fato causou indignação generalizada pelo viés de crueldade que o procedimento implica.

Essa repercussão negativa contrasta com as disposições das Ordenações Filipinas, vigente por mais de 200 anos em Portugal e no Brasil, a repetir as que lhe precediam, de condenação de pessoas à morte por enforcamento, "com crueldade", ou seja, de tortura. Os tempos mudaram a evidenciar aprimoramento da Humanidade, retratados na Declaração Universal dos Direitos Humanos. Embora a tortura não tenha desaparecido, é feita clandestinamente e não como política pública. É ato ilícito.

Na Grécia antiga, Sócrates lembrava, com lucidez, que os que o condenaram ao suicídio seriam também condenados pela vida, pois, morrerão, possivelmente de doenças provocadoras de dores e sofrimentos. É sintomático que o repúdio a tais procedimentos não provém da religião e sim da sociedade civil expressa na Declaração Universal dos Direitos Humanos (Artigo 5º - Ninguém será submetido à tortura, nem a tratamento ou castigo cruel, desumano ou degradante).

A prática foi qualificada como crime contra a Humanidade no Estatuto do Tribunal Penal Internacional[30], a revelar a consciência dos povos da rejeição de atos do passado, fundada na crença religiosa, e a necessidade de evitar sua repetição. Não se trata de mera exortação de conduta, mas de definição precisa de procedimentos qualificados como ilícito internacional. É o que estabelece o art. 7º ao considerar crimes contra a Humanidade atos cometidos em ataques generalizados ou sistemáticos contra população civil com tortura, perseguição de grupo ou coletividade por motivos políticos ou raciais, étnicos, culturais, religiosos ou de gênero.

Foi processo lento no curso das mudanças sociais, que tendem a perdurar e a permanecer no inconsciente da Humanidade. A carta da ONU pode ser considerada marco da instrumentalização da reação contra hábitos arraigados. Pôs os Estados de lado e deixou inscrito, logo no preâmbulo, ser instrumento da sociedade civil ("Nós, os *povos* das Nações Unidas ....), como já enfatizado.

As diretivas emanadas de seus princípios inspiraram atos internacio-

30 O Tribunal Penal Internacional, aprovado na Conferência da ONU em 1998, conta atualmente com 132 países. Dele não fazem parte China, Estados Unidos, Iraque, Israel, Libia e Rússia. Sobre o tema, vide JOSÉ CARLOS DE MAGALHÃES, *Direito Internacional Contemporâneo e suas Repercussões no Direito Interno,* Almedina, 2023, p. 208 e segs.

nais paralelos e complementares. A liberdade de crença é um deles. No âmbito da religião, as lições do passado, ainda que distante, serviram de espantalho a assustar as gerações posteriores e de baliza para não mais serem repetidas. Repercutiram na Igreja Católica, alvo de recriminações históricas, foram acentuadas após a Revolução Francesa. A atuação do Papa João XXIII (28.10.1958 a 03.06.1963) foi decisiva para mudar o rumo da Igreja. Tomou a iniciativa de convocar o Concílio Vaticano II, em 25 de Dezembro de 1961, por meio da bula papal «*Humanae salutis*". Nela destaca a crise da sociedade, com o surgimento de era nova, com obrigações graves e amplitude imensa sob responsabilidade da Igreja. Salienta que "a sociedade moderna se caracteriza por um grande progresso material a que não corresponde igual progresso no campo moral", com o enfraquecimento do anseio pelos valores do espírito. O triste espetáculo descrito na bula levou o pontífice a conclamar a instalação do Concílio, para "contribuir mais eficazmente na solução dos problemas da idade moderna".

As reuniões se iniciaram em 11 de outubro de 1962 e prosseguiram após sua morte, sob a direção do sucessor, o Papa Paulo VI, até seu final, em 8 de dezembro de 1965. Foi momento histórico a provocar profunda modificação na liturgia e na atuação da entidade, vencendo resistência de tradicionalistas radicais.

A Guerra Fria encontrava-se em momento acirrado. Envolvia as grandes potências nucleares, capitaneadas, de um lado, pelos Estados Unidos, e, de outro, pela então União Soviética. Eram dois sistemas político-econômicos a se defrontarem, em sequência ao término da II Guerra Mundial, em disputa por ampliação de poder de influência. Alguns episódios dramáticos acentuavam o radicalismo que animava os responsáveis pela condução daqueles países, como a invasão da Baia dos Porcos, de Cuba, em 1961, por dissidentes cubanos exilados na Florida, estimulados pelo governo norte-americano. Foi aventura frustrada da qual o presidente John F. Kennedy, em pronunciamento pela televisão, assumiu a responsabilidade. No ano seguinte, 1962 (16 a 29 de outubro), novo e mais sério incidente agravou a crise, levando-a à beira do embate nuclear, com a instalação de mísseis em Cuba pela União Soviética, sob presidência de Nikita Kruschev. O incidente gerou grande preocupação pelo risco de guerra iminente, evitada com a intensa ação diplomática de ambos os países, cientes dos perigos de continuar a radicalização de atitudes.

A esse quadro na esfera internacional, acrescenta-se turbulências internas como as decorrentes dos movimentos sociais nos Estados Unidos de integração racial, promovidos por líderes negros, sob liderança do pastor protestante Martin Luther King e apoio decisivo do presidente católico John F. Kennedy e de seu irmão Robert Kennedy, todos assassinados em manifestações públicas. A isso se acrescenta a rebeldia da juventude contra a guerra do Vietnã, não aceita pela população norte-americana e contestada pela maioria de outras, em manifestações episódicas. A imolação de monges, budistas a atearem fogo em si, era cena transmitida pela televisão a despertar repulsa e inconformismo contra as ações guerreiras em curso no país. A insatisfação mundial motivou a instalação do Tribunal Internacional de Crimes de Guerra, ou Tribunal de Estocolmo, pelo filósofo inglês Bertrand Russel, que contou com o apoio e participação do filósofo Jean Paul Sartre, como reação da sociedade internacional contra o conflito no Vietnã.[31]

Esses acontecimentos refletem a insatisfação da juventude com os rumos da sociedade e da política dominante. Deu nascimento ao que se denominou contracultura com a adoção do novo estilo de vestimentas e de música, o *rock and roll*, a estimular a independência de jovens e libertação de peias do consumismo e de carreiras profissionais. O movimento *hippie* surgiu com força a pregar liberdade de costumes, de sexo e de consumo de drogas, ancorados nos reflexos do existencialismo do pós-guerra, a exaltar a vida livre. O seu auge foi o festival de Festival do Woodstock, 1969, que reuniu cerca de 500 mil pessoas.

Na França estudantes foram às ruas, em grandes manifestações, com repercussão internacional. A juventude brasileira foi contaminada e, igualmente, organizou aglomerações em pleno regime militar, causando a reação do governo com a edição do Ato Institucional n° 5, em 1968, que aprovou o confisco de bens, cassação de direitos políticos e aposentadoria compulsória de funcionários púbicos e de professores, sem recurso ao poder judiciário. Foi momento que se tornou marco divisório de épocas.

Os países do Leste europeu, submetidos ao poder da União Soviéti-

31 Ficou conhecido como Tribunal Russell, em homenagem ao seu idealizado; foi instalado em Estocolmo, em 1966, teve a participação de filósofos e escritores como Jean-Paul Sartre e Júlio Cortazar, dentre outros. Realizou duas sessões, uma delas em Roskilde, Dinamarca, tendo condenado os Estados Unidos, que o ignorou.

ca, no apogeu de sua força militar provinda da II Guerra Mundial, não ficaram imunes ao movimento estudantil. Para aplacar dissidências, a URSS invadira a Hungria, em 1956, e, mais tarde, a Tchecoslováquia, em 20 de agosto de 1968. Era o epílogo do movimento que teve seu auge em 1960, com estudantes a promoveram protestos estimulados por pensadores estrangeiros como Jean Paul Sartre, Simone de Beauvoir e Michel Foucault, a pregarem maior liberdade, fim da censura e outras reivindicações. O movimento teve influência relevante do filósofo alemão, naturalizado norte-americano, Herbert Marcuse, conhecido como o principal teórico da Nova Esquerda e dos movimentos estudantis dos anos 1960/1970, da Alemanha Ocidental, França e Estados Unidos

Os países do Pacto de Varsóvia foram acionados e promoveram a invasão da Tchecoslováquia, acreditando serem bem recebidos pela população, o que não ocorreu. O episódio ficou conhecido como a Primavera de Praga, a marcar as modificações dele resultantes.

No âmbito religioso, o regime soviético impunha a ideologia marxista-leninista de supressão de crenças religiosas, consideradas nocivas para os povos. Na condução dessa política houve destruição de templos religiosos, com a propagação do ateísmo nos países de sua órbita, A Polônia não fora alvo de ação por parte dos países do Pacto de Varsóvia ou da URSS, por se alinhar à política oficial do bloco comunista, sob presidência do correligionário Wladyslaw Gomulka. Era comunista histórico, que havia colaborado com o Comitê Lublin, organizado pela União Soviética, após a liberação do país do regime nazista. Nos anos 1960, Gomulka endureceu sua política de repressão e perseguição à Igreja Católica e de setores da oposição anticomunista.

Na Cracóvia, antiga cidade do sul da Polônia, atuava o bispo recém nomeado, Carol Wojtyla, que enviara a Roma ensaio, em 1959, em preparação para o Concílio, no qual pedia "menos ênfase nas coisas que nos separam, e, ao invés, procurar tudo aquilo que nos une"[32], a indicar inclinação do então obscuro bispo principiante, de harmonização com outras vertentes do cristianismo e da liberdade religiosa. Era ação destinada a superar a antiga separação dos ramos da cristandade, deixando de lado rivalidades históricas e a propiciar harmonia entre elas.

---

32 JOHN O'SULLIVAN, *O Presidente, o Papa e a Primeira-Ministra. A parceria que venceu a Guerra Fria,* LVM, 2ª edição, São Paulo, 2023, p.28/29.

As relações internacionais tensas, com o acendramento de antagonismos entre as duas superpotências e os reflexos nos países do Terceiro Mundo, oscilante entre as duas, não poderiam ser ignoradas pelo Vaticano. A realização do Concílio Vaticano II naquela oportunidade constituiu ingrediente adicional ao embate político entre as grandes potências, com implicações na esfera interna de todos os países. O conclave não ignorou a gravidade do momento que ameaçava os destinos da Humanidade e produziu efeitos que extrapolaram o âmbito estrito da religião.

Um dos documentos dessa natureza é a "Declaração *Dignitatis Humanae* sobre a liberdade religiosa", de 07 de dezembro de 1965, redigido pelo Papa Paulo VI. Nele se reconhece o papel da sociedade civil como um todo, sem se restringir aos católicos:

> "1. Os homens de hoje tornam-se cada vez mais conscientes da dignidade da pessoa humana e cada vez em maior número, reivindicam a capacidade de agir segundo a própria convicção e com liberdade responsável, não forçados por coação, mas levados pela consciência do dever. Requerem também que o poder público seja delimitado juridicamente, a fim de que a honesta liberdade das pessoas e das associações não seja restringida mais do que é devido. Esta exigência de liberdade na sociedade humana diz respeito principalmente ao que é próprio do espírito, e, antes de mais, ao que se refere ao livre exercício da religião na sociedade. Considerando atentamente estas aspirações, e propondo-se declarar quanto são conformes à verdade e à justiça, este Concílio Vaticano investiga a sagrada tradição e doutrina da Igreja, das quais tira novos ensinamentos, sempre concordantes com os antigos."

Mais adiante, diz que "O sagrado Concílio declara igualmente que tais deveres atingem e obrigam a consciência humana e que a verdade não se impõe de outro modo senão pela sua própria forca, que penetra nos espíritos de modo ao mesmo tempo suave e forte." A Declaração alude aos "novos ensinamentos" e reconhece o protagonismo da sociedade civil e sua legitimidade para reger as relações sociais. Seu enunciado constitui o alinhamento da Igreja Católica aos princípios incorporados na Declaração Universal dos Direitos Humanos sobre a liberdade religiosa, dando ênfase ao direito de cada pessoa de adotar livremente o culto que desejar. Ao defender a imunidade da sociedade civil contra coação a limitar a liberdade de crença, afasta de vez o espantalho histórico de práticas do passado, sepultando o ideário autoritário que a presidiu em épocas tenebrosas de radicalismo religioso. Atingiu, sobretudo, a política antirreligiosa dos países integrantes da então órbita soviética.

O caráter geral da exortação nela contida é enfático:

> "Este Concílio Vaticano declara que a pessoa humana tem direito à liberdade religiosa. Esta liberdade consiste no seguinte: todos os homens devem estar livres de coação, quer por parte dos indivíduos, quer dos grupos sociais ou qualquer autoridade humana; e de tal modo que, em matéria religiosa, ninguém seja forçado a agir contra a própria consciência, nem impedido de proceder segundo a mesma, em privado e em público, só ou associado com outros, dentro dos devidos limites. Declara, além disso, que o direito à liberdade religiosa se funda realmente na própria dignidade da pessoa humana, como a palavra revelada de Deus e a própria razão a dão a conhecer. Este direito da pessoa humana à liberdade religiosa na ordem jurídica da sociedade deve ser de tal modo reconhecido que se torne um direito civil."

É sintomático a referência da Declaração à "direito civil", após salientar a liberdade religiosa na ordem jurídica da sociedade, com a invocação da palavra revelada de Deus. É o reconhecimento dos novos tempos em que a sociedade civil adquiriu protagonismo a influir na condução dos povos, temperada com o espírito religioso.

A autoridade moral dos Papas João XXIII, inspirador do conclave, e de seu sucessor Paulo VI, fez superar resistência de setores tradicionalistas e foi aprovado por ampla maioria. A continuação e persistência do novo paradigma se revela na ação dos sucessores, refletida na denominação adotada em suas eleições, João Paulo I, falecido após cerca de um mês de sua nomeação, e João Paulo II, cuja beatificação, após longo mandato, ratificou o ideário nascido no Concílio Vaticano II.

Os reflexos da atuação de Carol Wojtila, então Papa João Paulo II, extrapolaram os limites religiosos para influir na área da política internacional, com a repercussão de sua pregação de congraçamento e unidade da cristandade. Realizou número surpreendente de viagens a diversos países, em intensa atividade pastoral. Suas viagens à Polônia, em pleno regime comunista alinhado às diretivas da ex-União Soviética, provocou comoção e grande repercussão internacional, ao ser recebido por milhões de poloneses. Segundo John O'Sullivan, treze milhões de poloneses o viram pela televisão, um terço da população do país.[33] As autoridades polonesas, vinculadas à política da ex-URSS quedaram-se inertes diante da calorosa recepção do compatriota amado pelo povo. A propalada disposição de repetir a aventura da invasão na Hungria e Tchecoslováquia, como forma de deter a rebeldia da população em pautar-se pelo ideário laico do regime, cedeu diante do tamanho das aglomerações e da grande receptividade do visitante ilustre. O clamor público despertado pelas duas visitas do Papa João Paulo II à Polonia repercutiu em outras paragens. No México, o seu embarque no avião de retorno, foi cercado por multidão a apontar espelho ao sol, produzindo reflexos brilhantes em direção ao aparelho.

Sua popularidade aumentara com o atentado que sofreu em plena praça São Pedro, do Vaticano, em 13 de maio de 1981, em meio à multidão. Socorrido pelos fiéis, foi levado ao hospital próximo que lhe salvou a vida. O autor do disparo, Mehmet Ali Agca, um terrorista turco, foi imediatamente preso pelas pessoas do local. Processado foi condenado à prisão perpétua. Recuperado, em visita exibida pelos meios de comunicação em todo mundo, o Papa perdoou-o, em gesto genuinamente cristão, instando ao governo presidido por Carlo Azeglio Ciampi a fazer o mesmo. Comutada sua pena, foi deportado para a Turquia, em 2000. Nunca se soube se a iniciativa do terrorista foi ato pessoal ou a serviço de alguma entidade ou de país. Foi episódio que acentuou o incômodo da atuação do prelado para modificações de mentalidades radicais, em prol da harmonia das relações sociais e religiosas.

A atuação do Papa João Paulo II fez coro com os entendimentos entre os Estados Unidos, sob Ronald Reagan, e Inglaterra, sob liderança de Margareth Thatcher, e a União Soviética para um acordo sobre o desarmamento nuclear, que vinha sendo gestado há algum tempo. Gorbachev, alçado à condição de presidente da URSS, teve papel essencial nesse episódio ao reconhecer as dificuldades do regime comunista e expor suas ideias nos livros *Glasnost* e *Perestroika*. Deles resultou, em síntese, a queda do muro de Berlim, e a reunificação da Alemanha. O sucessor de Gorbachev, Iuri Yeltsin, aprofundou as reformas e as ampliou com sua política de distensão. Extinguiu o Partido Comunista e dissolveu a URSS, com a retirada da Rússia da entidade, permitindo ao

33 *O Presidente, o Papa e a Primeira Ministra*, LVM, 2ª edição, São Paulo, p.146.

países sob sua órbita libertarem-se do jugo centralizador e, retornarem às suas antigas soberanias estatais.

Segundo John O'Sullivan, a derrubada do muro teria sido consequência de erro burocrático. As autoridades da Alemanha Oriental, preocupadas com a insatisfação crescente da população, como gesto apaziguador, deram instruções aos policiais encarregados da vigilância do muro de permitirem a saída de cidadãos para visitarem a Alemanha Ocidental. Foi gota d'água que se converteu em enxurrada, sem possibilidade de conter o grande fluxo irreversível que se seguiu[34].

O mundo teve a felicidade de contar, naquele momento, com líderes que compreenderam ser necessário pôr um fim às hostilidades da Guerra Fria e alcançar meio pacífico de convivência. A atuação do Papa João Paulo II foi relevante, como notado na histórica visita que lhe fez Gorbachev, acompanhado de sua mulher Raissa, com a cabeça coberta por véu. Foi encontro entre dois eslavos, como observou o líder soviético, nervoso na presença do prelado ilustre, responsável pelas modificações na Polônia e pelo reconhecimento do sindicato Solidariedade, liderado por Lech Walesa, adversário do regime. O inusitado convite ao Papa para visitar a URSS foi aceito, mas não pode ser concretizado pela falta de idêntica iniciativa da Igreja Ortodoxa Russa, considerado essencial,

As visitas do Papa a 129 países, ao longo de seu pontificado, eram cercadas de repercussão internacional inusitada. Ao descer a escada do avião, ajoelhava-se e beijava o solo, em gesto de humildade, de agradecimento e de simpatia ao país visitado. O gesto era reproduzido em imagens da televisão, como marcas de sua presença. A intenção de congraçamento religioso era salientada na celebração de missa em todos os países e mesmo em santuários muçulmanos e oração no muro das Lamentações, em Jerusalém, e a países nunca anteriormente visitados pela autoridade maior dos católicos. Inglaterra, desde a separação provocada por Henrique IV, no século XVI, está entre eles. Foi peregrinação intensa a pregar união religiosa de todas os ramos do cristianismo e de outras religiões, com intensa pregação da liberdade religiosa. Produziu frutos. Seu sucessor, o Papa Francisco, observa similar comportamento, com grande número de viagens ao exterior, não obstante seus

34 JOHN O'SULLIVAN, *O presidente, o Papa e a Primeira Ministra – A parceria que venceu a Guerra Fria,* LVM, São Paulo, 2023, p. 377

problemas de saúde, a lhe dificultar a locomoção. Vale-se dos meios de comunicação propiciados pela Internet para divulgar mensagens, com alcance mundial, a pregar a paz e harmonia entre os povos e insistir na observância de preceitos religiosos.

I.13 – A influência do sacerdote

As religiões são construídas por meio de sacerdotes que ditam regras de conduta e elaboram ritos religiosos observados como se fossem normas divinas. Sua violação pode acarretar penas físicas na Terra ou, pior, espirituais para toda a eternidade depois da morte. Estas, sobretudo, sendo permanentes, eram as que mais assustavam – e ainda assustam - fiéis, crentes nos efeitos religiosos da vida eterna. A figura da alma penada, a vagar indefinidamente, era temida, dando poder extraordinário aos sacerdotes que ameaçavam com essa punição aos rebeldes. A venda de indulgências era atividade em mercado de grande prosperidade exatamente em função desse temor.

Ainda atualmente pregadores evangélicos, em transmissões pela televisão, assustam crentes ao anunciarem punições a serem aplicadas depois da morte, se deixarem de observar preceitos ditados com convicção. Amparados em citações bíblicas, convencem ouvintes atentos da procedência de suas pregações a fazerem contribuições pecuniárias, como ação positiva em reconhecimento de seu comportamento religioso sadio. Repetem, de forma diversa, mas com o mesmo efeito, procedimentos condenados por Martin Lutero no longínquo século XVI, sobre a mercantilização da religião, a inspirar o nascimento da então nova vertente religiosa.

O temor de condenações depois da morte inspira a oferta de missa católica à alma dos mortos, resquício amenizado de agrados e de homenagens para evitar sofrimentos aos que se foram para a "vida eterna".

Ritos hinduístas observados em Bali preveem oferenda de alimentos aos mortos, dispostos em pequenos cestos de bambus na soleira das casas e das lojas. O culto a *Barong*, rei dos espíritos e protetor dos homens, contra a bruxa *Rangda* e suas práticas de magia negra é mito ainda celebrado na região. Da mesma forma, a mitologia balinesa inclui o culto a *Sanghyuang Widi*, também conhecido como *Tintia*, ou *Sunghyang Tunggal*, como o deus supremo a habitar o alto monte sagrado Gunnung Agung, com seu vulcão a vez ou outra entrar em erupção, a vitimar habitantes da região. É o deus dos contrastes representados nas forças do Bom e do Mal, do Positivo e do Negativo, do Branco e do Preto, do Passado e do Futuro e considerado o Centro do Universo. Dele descende Bali.[35]

A violação de preceito religioso constitui grave e ofensa à divindade. O crime de lesa-majestade, sempre foi considerado da maior gravidade, diante do entendimento de que o poder do soberano advém de deus, por ele representado na Terra. O regicídio é crime abominável sempre evitado. Não se mata a pessoa do rei ou da rainha, mas do representante de deus, no exercício do poder divino de que se encontra investido.

I.14 - O poder político do sacerdote

O poder dos sacerdotes de todas as religiões é imenso como destacou Bertrand Russel[36] ao examiná-lo em suas diversas manifestações. Valem-se de livros sagrados de autoria desconhecida e celebrados por longo tempo como emanados da divindade. Sua violação pode acarretar penas físicas na Terra ou, pior, espirituais. Os fiéis depositam confiança no sacerdote e os têm como pastores da alma e orientadores espirituais. Representam a deus e, assim, influem poderosamente em todas as comunidades de fiéis.

Quando da celebração do centenário da revolução de 1917 da Rússia, surgiram relatos sobre Rasputin, o religioso que exerceu fascínio sobre a família do Tzar. Incomodados com essa influência, familiares e cortesões planejaram envenená-lo, acrescentando arsênico em sua comida. A ineficácia da substância mortal foi substituída por eficazes tiros de revólver.[37] O poder que exercia era religioso, não amparado por armas ou influências políticas. Na França, o Cardeal Richelieu governou o país sob Louis XIII, com poder político, em tempos de supremacia do Papa na Europa. A Guerra dos 30 anos, já nos anos 1600, entre católicos e protestantes, somente foi pacificada nas conferências que resultaram no que ficou conhecida como a Paz de Vestfália, em 1648, com a reorganização da ordem internacional fundada em Estados soberanos.

---

35 LEONARD LUERAS, *Bali – The Ultimate Island,* Times Editions, Singapore, 1987, p. 33.

36 BETRAND RUSSEL- *O Poder, uma nova análise social,* Cia. Editora Nacional, 1957

37 Sobre o tema, vide BRIAN MOYNAHAN, *Camaradas – 1917 – Rússia em revolução,* Grua Livros, São Paulo, 2017, p. 24-28 e 37-45)

A noite de São Bartolomeu, em 23 e 24 de agosto de 1572, na França, sob a regente católica Catarina de Medicis, ficou registrada na história com um dos piores morticínios de protestantes, vitimados pela ira de católicos. O casamento da sua filha, Margarida de Valois, com o rei protestante Henrique III, de Navarro, serviu de pretexto para ataque brutal contra protestantes em Paris, que se espalhou pelo resto da França. A conversão do rei de Navarra ao catolicismo, que antecedeu ao casamento, não foi suficiente para aplacar os ânimos religiosos. Noticia-se que o rei protestante teria dito que "Paris vale uma missa", ao se decidir pela conversão ao credo católico, como condição para seu casamento. Na Inglaterra no mesmo período, a rivalidade entre a rainha protestante-anglicana Elizabeth I e a rainha católica Mary Stuart, da Escócia, adepta do Papa, provocou insurreições, conspirações e mortes, com a decapitação da rainha escocesa, acusada de conspiração.

I.15 - O ato de perdoar

A intolerância religiosa de que se tratou acima, com a perseguição de pessoas, grupos, etnias e culturas é fruto da falta de percepção de um dos pilares do cristianismo, que é o ato de perdoar. O gesto induz à pacificação de relações perturbadas pelo ato do ofensor, podendo provocar arrependimento, afastar intenções revanchistas por eventuais punições e estreitar relações.

Os efeitos da prática de atos ofensivos podem ser mitigados por gesto da vítima de perdoar o ofensor. Perdoar nem sempre é ato que se pode esperar de vítimas de atos maldosos, afetadas pela emoção de perdas ou de atos do ofensor. É da natureza humana o desejo de vingança, de punição, de revolta contra atos perniciosos ou de agressões injustificadas. A pregação de Jesus, no entanto, induz ao oposto, ao considerar o perdão gesto indutor de arrependimento pelo ofensor. Se não é possível ao ofendido, afetado pela emoção, pode inspirar autoridades públicas ou religiosas no exercício frio do poder de que são investidos. O perdão presidencial no Brasil concedido anualmente a presidiários que cumprem certos requisitos é ato que atende a esse preceito.

Episódio contado por André Maurois, em *Les Silences du Colonel Brambles* et *Les Discours du docteur O'Grady*[38] é ilustrativo. É um di-

38 ANDRE MAUROIS, *Les Silences du Colonel Brambles* et *Les Discours du docteur O'Grady*, Librairie generale francaise, Paris, 1974

álogo entre Aurèle, um tradutor francês, com um médico inglês em acampamento militar, que dizia não saber a razão do prestígio da religião católica e da pouca repercussão do protestantismo. Aurèle, à guisa de explicação, relata a história de um homem que matara uma pessoa e fugira; estava angustiado com o fato e, em uma cidade, entrou em uma igreja protestante, pedindo para falar com o pastor. Ao ser atendido, contou-lhe o episódio. O pastor, indignado, disse-lhe que não sabia se deveria obedecer ao seu dever de cidadão e chamar a polícia, ou de cavalheiro, mandando-o para fora.

O rapaz saiu entristecido, com ânimo pior do que entrara e, vendo uma igreja católica por perto, fez nova tentativa. Procurou o padre, que o recebeu em confissão, dele ouvindo o relato do homicídio praticado. Em resposta o padre perguntou-lhe, "quantas vezes você matou, meu filho?", absolvendo-o depois de ouvir-lhe o arrependimento e impor-lhe uma penitência. Exerceu o poder sacerdotal de perdoar e livrou o pecador da punição divina.

O ato religioso de perdoar foi expresso no evangelho de São Joao (20:23), com palavras atribuídas a Jesus: "Àqueles a quem perdoardes os pecados, ser-lhes-ão perdoados; àqueles a quem os retiverdes, ser-lhes-ão retidos." Não obstante de caráter geral da exortação, dirigida a todos ("àqueles a quem perdoastes ...") e a reciprocidade implícita derivada do ato, o poder religioso as tomou como ato de sacerdotes. A confissão estabelecida pela Igreja Católica, como prática rotineira em que pecados devem ser declarados ao sacerdote, em compartimento fechado cercado de sigilo, integra esse procedimento, a lhe ampliar o poder estendendo-o para o ato de perdoar e de absolver os pecados confessados.

Apesar disso, está incrustada na consciência cristã os efeitos do perdão e do arrependimento. A literatura ilustra cenas de pessoas encurraladas em ações guerreiras, naufrágios, ou desastres naturais, sem esperança de sobrevivência, a procurarem salvar suas almas por meio de confissão a companheiro de desdita. É a crença arraigada dos efeitos do perdão por meio da confissão ao seu semelhante, a dar força e vigor em tempos de desesperança. A esse propósito é ilustrativa a observação de Carl Jung sobre o tema. Diz ele que "os sacerdotes católicos e diretores de almas, em geral, possuem maior habilidade psicológica e às vezes uma compreensão mais profunda. Além disso, os pastores protestantes passaram por um treinamento científico em alguma Faculdade de Teologia que, com seu espírito crítico, mina a ingenuidade da fé, ao passo que na educação de um sacerdote católico a poderosa tradição histórica geralmente fortalece a autoridade da instituição,"[39]

Embora protestante, aconselha pacientes católicos a se confessarem e a comungarem, segundo o ritual da Igreja. Defende-se Jung, de críticas, aos esclarecer que, na medida do possível, não prega a sua crença. É atitude de quem procura entender a aflição do paciente e suas próprias circunstâncias, sem interferências perturbadoras da convicção alheia.

A confissão católica não deixa de ser instrumento de dupla função: a indireta de averiguação e avaliação de tendências sociais, com a evolução dos costumes locais e, de outro lado, o efeito principal, de caráter psicológico, a permitir ao crente expressar sentimentos e exteriorizar culpas por atos dos quais se arrepende e não quer sejam expostos. A intimidade do ato de confissão produz a sensação de alívio com a exteriorização do recôndito do íntimo não revelado. A leve penitência imposta pelo sacerdote, geralmente por meio de orações a serem repetidas em determinados períodos, tem o efeito de resgatar os pecados confessados e o consequente perdão. Livra a alma de punição depois da morte.

Os efeitos sociais da confissão sigilosa podem extravasar os estreitos limites da função paroquial, ao permitirem aos administradores do credo católico aferirem o comportamento social nas localidades de cada paróquia e as gerais das comunidades maiores. As referências nas Encíclicas e bulas Papais das tendências das diversas sociedades podem ser resultado dessa atividade pastoral de mão dupla. Não se trata apenas de conhecimento de fatos pela imprensa, ou por empresas de pesquisas de opinião, mas da aferição intestina de seus prelados no confessionário sigiloso. A anulação do casamento religioso, que se ampliou desde algum tempo, pode ser resultado dessa aferição, como estratégia para preservar o vínculo matrimonial, sem abraçar o divórcio protestante. É, possivelmente, um dos motivos do prestígio da religião católica, com seus dogmas e rituais, ao mesmo tempo, flexibilidade, em confronto com a rigidez protestante.

No plano pessoal, a confissão produz efeitos similares aos das consultas com psicólogos, em que o paciente tem oportunidade de desa-

39 CARL G. JUNG, *Psicologia e Religião,* Editora Vozes, Petrópolis, Rio de Janeiro, 1999, 6ª edição, p. 40

bafar e expressar angústias, receios, iras reprimidas, enfim sentimentos recolhidos no íntimo a profissional sem vinculações pessoais ou familiares. Só o fato de exteriorizar, "pôr para fora", algo reprimido pode produzir conforto espiritual e reduzir tensões não percebidas, auxiliadas pela orientação psicológica.

O filme *Fanny e Alexandre*, de Ingmar Bergman, ilustra a flexibilidade católica, distinta dos procedimentos usuais dos praticantes da vertente a protestante, que vem a propósito relembrar. Família católica próspera celebra o Natal com a participação dos empregados na mesa da ceia. Um dos filhos engravida uma empregada e a mãe, ao tomar ciência do fato, sem o recriminar, recomenda-lhe a atitude ética de proteger a moça. O filho concorda, esclarecendo ter adquirido loja em Estocolmo para ela. Outro filho morre e a viúva casa-se com bispo protestante. Mudam-se para o interior, levando os dois filhos da viúva, Fanny e Alexander, onde são submetidos a rígido processo educativo. São alvo de punições severas, impedidos de sair de casa, confinados em quarto com poucos móveis e janela provida de grades. Tornam-se prisioneiros, salvos pela intervenção de rabino amigo da avó, que os retira da casa clandestinamente. A família católica, o bispo protestante e o rabino salvador a protagonizarem a trama. Três vertentes religiosas da mesma matriz, com visões diferentes. A alegria e desconcentração reinante na casa da católica avó contrasta com a do protestante, rígido e duro. Embora o filme tenha outros componentes no relacionamento dos personagens, chama a atenção o contraste entre o ambiente católico descontraído da casa da avó e a rigidez de comportamento do bispo protestante.

O livro de Sinclair Lewis, *Babbit,* ilustra os efeitos sociais, na década de 1920, da educação protestante, rígida e intolerante do norte-americano médio, a induzir hipocrisias. O erro descoberto pela comunidade resulta em recriminações e opróbio social. Tal qual, na Idade Média, ocorria com a religião católica, com suas Inquisições e fogueiras a assar pessoas acoimadas por comportamento herético, quando descoberto. Todavia, o mundo mudou. A ação da sociedade civil foi eficaz e a Humanidade evoluiu.

No Brasil o catolicismo predominante desde o Império até meados do século XX, experimentou declínio com o avanço significativo do protestantismo, em suas múltiplas variantes. Uma das causas pode ser a ênfase dada à Bíblia, em leituras de trechos em pregações de sacerdotes, em contraste com certo relaxamento de católicos da observância das práticas religiosas, dentre elas o comparecimento às missas. O uso dos meios de comunicação, como a televisão, ampliou os efeitos das pregações e fator relevante a provocar essa mudança. Os prelados católicos, por sua vez, demoraram para se aperceber da necessidade de alteração de estratégia da comunicação, até dela também passarem a se valer, com a transmissão de missas pela televisão.

Em paralelo, registra-se a facilidade com que pessoas simples, sem maior formação teológica, se tornam pregadores evangélicos, elevados à condição de bispos, com leituras da Bíblia e suas missões para a instalação de templos evangélicos. Os locais de pregação são auditórios e não igrejas como as católicas, dotadas de complexa estrutura, cuja construção, por vezes, demora décadas. A esse quadro se adicionam as exigências doutrinárias para a formação de prelados católicos, em cursos proferidos em seminários, necessários para a ordenação de padres.

A construção de capelas modestas em locais afastados no interior do Brasil, todavia, tem mitigado a dificuldade de construção de igrejas solenes e complexas. Oferecem flexibilidade para a realização de serviços religiosos com simplicidade e oportunidade de atenção aos moradores de rincões longínquos.

A presença católica se manifesta, ainda, em procissões, com fiéis em séquitos a carregarem, por vezes, estátuas de santos celebrados em dias a eles consagrados. As vestimentas e ornamentos dos sacerdotes produzem efeito e conferem aura que os diferencia das pessoas comuns. Não deixa de ser um espetáculo a chamar a atenção da população. A percepção da necessidade de mudança de hábitos provocou a flexibilização do uso de batina negra a identificar o padre, mantido nas dependências do Vaticano em que continua a ser observado. Passaram os sacerdotes a circular nas vias públicas em roupas civis, sem complementos ou insígnias a lhes denunciar a atividade pastoral.

Em cidades do interior do Brasil, ao passar o séquito da procissão, os bares fecham as portas, reabrindo-as após sua passagem. É demonstração de respeito ao culto religioso e aos partícipes do ato. Esse conjunto de fatores contribui para o prestígio do catolicismo e da instituição milenar, sob a figura paternal do Papa em pregações periódicas na Praça São Pedro apinhada de fiéis, ora transmitidas pela televisão, a dar-lhes amplitude maior.

I.16 - Uma pausa: Maomé e o acaso

Acontecimentos inesperados podem mudar o curso da História, que não é escrita de forma linear, mas, por vezes, em linhas tortas. O histórico de episódio do avô e do pai de Maomé ilustra-o. Abdelmottalib, avô de Maomé, não tinha filhos homens, em tempos em que ter muitos filhos homens era questão de honra. Alvo de insultos e caçoadas de seus compatriotas, prometeu a deus que, se tivesse dez filhos homens, daria um deles em sacrifício. Teve doze e seis mulheres. Após algum tempo, os filhos já crescidos, reuniu-os para lhes relatar a promessa a ser cumprida. Os filhos compreenderam e fizeram um sorteio em Caaba, diante da estátua de Hobal, para indicar o filho a ser sacrificado. A sorte (ou má sorte) recaiu sobre Abdala, filho preferido de Abdelmottalib. Estando para executar o filho, em cumprimento à promessa, vieram koreichites, da tribo responsável pela construção de cidade ao redor de Meca, e seguraram-lhe a mão, aconselhando-o a procurar em Khaibar, uma advinha judia.

Aceitou a sugestão de bom grado. Disse-lhe a advinha para separar dez camelos para tirar a sorte, se caísse sobre Abdala, seria ele sacrificado, se sobre os camelos, ele estaria livre. A primeira sorte caiu sobre Abdala. A advinha, todavia, não contente com o resultado, repetiu a sorte, com dez camelos adicionais a ela entregues. Novamente recaiu sobre Abdala; somente na décima vez é que a sorte foi para os camelos, perfazendo cem camelos. Livrou-se Abdala do sacrifício e formou-se o critério de que a vida de um homem vale cem camelos. Abdala casou-se com Amina, filha de Wabb, descendente de Abdmenaf. Desse casamento nasceu Maomé, predestinado a mudar o curso da História e a influir poderosamente no mundo árabe e na civilização ocidental.[40] O papel da advinha judia está na raiz desse acontecimento inesperado.

I.17 - O ritual religioso

As religiões observam ritos próprios em celebrações episódicas a cultuar seus deuses, de acordo com procedimentos indicados em livros sagrados, ou recomendados por sacerdotes. O ritual, por sua vez,

---

40 Relato de A. de B. Kazimirski, na introdução do livro *Le Coran*, que reproduz o texto sagrado dos muçulmanos (Jean de Bonnot, Paris, 1993), com breve histórico da vida de Maomé e das lutas por ele empreendidas.

é o conjunto de ritos reunidos, a conferir solenidade à determinada celebração.[41] Rito, portanto, é procedimento adotado em ato solene, religioso ou não.

O ritual religioso tem certa semelhança com o ato de julgar do Poder Judiciário. Não é acontecimento corriqueiro, mas de grande relevo para os contendores e para a sociedade, com a solução de litígios e a pacificação social. Não é por acaso que o rito processual judicial é dotado de certa solenidade, com a observância de princípios e formalidades como o tratamento igualitário das partes e o contraditório na condução do processo, presidido por julgador imparcial. A deusa grega Themis simboliza a Justiça, com seus olhos vendados e a espada na mão, a indicar isenção, moderação e a implacabilidade dos julgamentos. A estátua a representá-la no pátio frontal do Supremo Tribunal Federal brasileiro ilustra a permanência no imaginário das pessoas do mito da divindade grega, a despeito do caráter laico do Estado. A força da imagem grega perdura.

O ritual do julgamento judicial é recheado de formalidades e solenidades, a conferir relevo ao ato. Há certo instrumental a cercar a condução do processo, como a vestimenta de toga pelos magistrados, tratados por Vossa Excelência e *Your Honor* nos tribunais norte-americanos. O uso de beca pelos advogados, quando atuam em tribunais no Brasil, é de rigor. Na Inglaterra os magistrados preservam o hábito antigo do uso de peruca a simbolizar a figura do julgador. O rito de cada julgamento prevê a leitura do relatório pelo magistrado relator, seguido pelo revisor, com exposição oral do advogado trajado com beca. Trata-se de ato solene, não trivial, em que interesses relevantes das partes e da sociedade estão em jogo. Os ritos processuais fazem parte do ritual da distribuição da justiça, cujo ápice é a prolação da sentença que decide sobre as pretensões das partes ou da imputação da prática de atos criminosos. O resultado é a pacificação do conflito de interesse social. São destinos de pessoas que estão em foco e não fatos corriqueiros, que podem passar despercebidos.

O mesmo raciocínio se aplica à liturgia observada nos serviços religiosos, sob condução de sacerdotes. É o caso da celebração do casamento, marco inicial da união de casais para a formação da família, em

41 CALDAS AULETE, *Dicionário Contemporâneo da Língua Portuguesa,* Editora Delta, volume IV, Rio de Janeiro, 1958.

que a cerimônia é cercada pela aura de sacralidade da divindade. Cada religião observa ritos próprios. Mesmo nas uniões estáveis, asseguradas pela Constituição brasileira, em que jovens dispensam o comparecimento de sacerdote ou de autoridade estatal, preserva-se cerimonial e a liturgia a marcar a importância do ato, sob condução de amigos do casal, despida do aparato religioso. E a força da tradição provinda de costumes romanos a persistir por milênios. A nubente comparece com vestido longo branco e conduzida pelo pai até o altar improvisado. Amigo do casal faz as vezes de celebrante, em substituição ao sacerdote. É a força da tradição romana a estimular jovens que decidem consorciar-se em união estável, sem descurar do rito antigo de celebração do ato inicial da formação da família.

O ritual religioso contém normas de procedimento observadas pelos fiéis e pelos sacerdotes. A genuflexão no altar católico é costume antigo herdado dos ritos pagãos[42] e mantido por milênios até os dias atuais, tal qual os paramentos litúrgicos do sacerdote para cada tipo de celebração; o dobrar-se ao solo em direção à Meca dos muçulmanos; os movimentos do corpo dos rabinos durante o serviço religioso, as danças rituais dos aficionados da umbanda e do candomblé e dos silvícolas com seus cocares e pinturas no corpo. São rituais próprios de cada religião como atos destinados a honrar a divindade.

Na Igreja Católica se executa o sacrifício da missa presidido pelo sacerdote com paramentos apropriados para a ocasião. O ritual é padronizado e observado em todas as unidades espalhadas pelo mundo, com a única diferença do idioma local, não mais o latim, como no passado. Quem participa de missa fora de seu país, percebe a universalidade do ritual católico ou protestante e sente-se acolhido na fraternidade religiosa, ainda que desconheça o idioma falado pelo celebrante. O levantar-se em certos momentos da celebração da missa, o ajoelhar-se na consagração da hóstia, o tomá-la após acompanhar o séquito de fiéis em direção ao altar são gestos de participação ativa do serviço religioso. De certa forma, é o mesmo efeito do judaísmo a acolher todos os descendentes do grupo racial em cerimônias e cultos religiosos.

Na missa católica não se sacrifica animais vivos, mas ingere-se a hóstia consagrada pelo sacerdote a simbolizar o "cordeiro de deus" e por

42 Segundo EDWARD GIBBON, a genuflexão foi herdada do rito pagão e introduzido na Igreja Católica, *The Decline and Fall of the Roman Empire,* The Modern Library, Nova Iorque, vol. III, p.2.

ele levantada com as duas mãos para exibição ao público da oferenda ingerida respeitosamente ("*...eis o cordeiro de deus, que tira o pecado do mundo...*"). É a persistência da tradição antiga da necessidade de sacrificar ser vivo para honrar a divindade, atualmente simbolizado na hóstia no serviço religioso cristão.

O sacrifício de animais é prática milenar em diversas civilizações. Na Grécia antiga, sacrificava-se ovelha ou boi, como ato de compartilhamento de alimento entre deuses e homens. Aos deuses imortais eram destinadas partes do animal, como ossos e gorduras postos para assar, para produzirem fumaça a serem por eles aspirados e apreciados. A carne era consumida pelos mortais, por vezes vitimados pela ingestão de carne apodrecida, em tempos de deterioração rápida de alimentos perecíveis.[43] No Velho Testamento, o sacrifício de ovelhas era prática usual em honra a deus, por vezes com o espalhamento de sangue dos animais abatidos em santuários. Persistiu no cristianismo com versão própria e diversa, mas com o mesmo efeito de compartilhamento do alimento com a divindade. Quem ingere a hóstia, recebe o corpo de Cristo, santificando-se.

Rituais afro-brasileiros de crença diversa da cristã também adotam procedimento similar, com o abate de galinhas em cerimônias religiosas. O Velho Testamento está recheado de exemplos de sacrifício de animais como forma de homenagear a deus. Ilustra-o episódio do sacrifício de seu filho Isaque imposto a Abraão, liberado na última hora, após prova de devoção à divindade. Em lugar do filho, sacrificou carneiro encontrado nas proximidades.[44] Haveria que sacrificar um animal para honrar a deus.

Da mesma forma, a persignação em cruz, a reza de texto de orações extraídas de livros sagrados ou escritas por algum sacerdote celebrado, são criação de religiosos, que passam a ser adotados como manifestação à divindade a ser reproduzida com respeito e devoção. Os rabinos judeus entoam salmos escritos por outros, a perpetuar ritos, como os

43 HUGH BOWDEN, *Mystery cults in the ancient world*, Thames & Hudson, Londres, 2023, p.14

44 Capítulo 22 - 2 E disse: Toma agora o teu filho, o teu único filho, Isaque, a quem amas, e vai à terra de Moriá, e oferece-o ali em holocausto sobre uma das montanhas, que eu te direi. 12 Então disse: Não estendas a tua mão sobre o moço, e não lhe faças nada; porquanto agora sei que temes a Deus, e não me negaste o teu filho, o teu único filho. 13 Então levantou Abraão os seus olhos, e olhou; e eis um carneiro detrás dele, travado pelos seus chifres num mato; e foi Abraão, e tomou o carneiro, e ofereceu-o em holocausto, em lugar de seu filho.

movimentos contínuos do corpo, durante orações. Os muçulmanos se ajoelham e se prostram em direção à Meca, em gesto de respeito religioso com orações cinco vezes ao dia, em culto à divindade, com o jejum na época do Ramadão. É o ritual sagrado a ser observado com fidelidade.

O Velho Testamento é rico sobre o tema. Moisés, após falar com deus na montanha, em encontro solitário, reproduz ordens e instruções divinas até para a construção do Santuário e do Tabernáculo. As instruções são precisas e minuciosas com indicação de medidas e de materiais a serem empregados na construção (Êxodo, 35 e seguintes)[45]. Não é Moisés quem as dá, mas deus, por seu intermédio. Da mesma forma, o Corão não foi escrito por Maomé, mas por deus, a ele revelado pelo anjo Gabriel. A transgressão de seus preceitos significa violação de mandamentos divinos, sujeita à penalidade severa.

Indo de um extremo a outro, da antiguidade bíblica aos povos silvícolas da Amazônia, verifica-se certa coerência na conduta humana a cercar ritos religiosos, ao longo do tempo. O povo Yanomami, segundo relato do xamã yanomami Davi Kopenawa, adota procedimentos ritualísticos rígidos para a consagração do xamã, a requerer a inalação do alucinógeno *yakoama* em grandes quantidades, que por vezes provoca desmaio, e jejum por vários dias, devendo o iniciante permanecer imóvel, sem mexer os olhos. Seu corpo emagrece e as carnes impuras são levadas pelos *xapiri,* guardiães invisíveis das florestas, sensíveis a qualquer anormalidade ritualística. Requerem cuidado para eles não serem assustados e se afastarem. São espíritos dos ancestrais do povo Yanomami a serem perpetuados pelo xamã.[46]

Civilizações e épocas diferentes com o mesmo componente ritualístico a presidir a atividade religiosa.

I.18 – Modificações do ritual

Os rituais religiosos são imaginados por sacerdotes ou religiosos, ou previstos em textos sagrados e observados fielmente pelos crentes. A missa católica era rezada em latim até o Concílio Vaticano II, que a modernizou, propiciando maior compreensão dos textos lidos pelo sa-

45 Êxodo 35 1-10

46 DAVI KOPPENAWA e BRUCE ALBERT, *Queda do céu – Palavras de um Xamã Yanomami,* Companhia das Letras, São Paulo, p. 132-155

cerdote. Substituiu o latim na liturgia da missa pelo idioma dos países em que são rezadas. Antes, o celebrante fazia orações de frente para o altar encostado na parede, dando as costas para o público. A leitura de trechos de livros sagrados para a celebração era dirigida à divindade simbolizada em imagens e apetrechos religiosos alojados no altar, e não ao público, que acompanhava o ritual atenta e silenciosamente. Em certos momentos o celebrante voltava-se para os assistentes com a exclamação, *dominus vobiscum!*, palavras misteriosas, cujo significado poucos entendiam. Talvez em passado distante alguns poderiam compreender o idioma desusado, utilizado oficialmente na Igreja. Não a maioria dos crentes, que ouviam as orações como se fossem palavras divinas, a produzir efeitos para a comunidade. As crianças aguardavam com ansiedade o fim da missa, indicado com as palavras mágicas *ite missa est,* entendidas como alforria para se libertarem do sacrifício de assistir a longa celebração não compreendida.

A alteração permitiu participação maior de fiéis, a entenderem o ritual e os dizeres das diversas etapas do serviço religioso. A novidade, todavia, não foi aceita sem reclamações, registrando-se inconformismos com o abandono de liturgia antiga.

Vez ou outra surgem sacerdotes a se rebelarem contra a inovação e a insistirem na utilização do latim na celebração da missa católica, em sua feição antiga. Foi o caso do cardeal Lefebvre (Dom Marcel François Marie Joseph Lefebvre), que se tornou conhecido mundialmente por sua resistência às reformas aprovadas pelo Concílio Vaticano II, tendo, até, fundado a Fraternidade Sacerdotal São Pio X, para a formação de padres com a utilização de livros litúrgicos tradicionais, a elas anteriores. Foi reação menos contundente do que a verificada no século XI, acima relatada, de que resultou a vertente ortodoxa, que pregava a mesma regra aprovada no Concílio Vaticano II, com a adoção do idioma local para a celebração do serviço religioso.

O ritual e símbolos religiosos constituem matéria sensível a ser respeitado por todos, mesmo pelos não adeptos do mesmo ideário. É ofensivo o seu desrespeito por qualquer pessoa. Os índios da Amazônia os observam na transição da infância para a puberdade masculina. É ato simbólico relevante para sepultar a infância e dar início à vida adulta A cerimônia é solene, por vezes, acentuada, por meio de atos dolorosos à guisa de teste para o ingresso em novo ciclo da vida. Escalar árvores para arrancar partes de colmeia de vespas com as mãos, ou enfiá-las em formigueiros habitados por formigas, cujas picadas provocam extrema dor, fazem parte de ritos temidos pelos jovens, mas enfrentados com altivez e coragem exibida para a comunidade com orgulho. Os adultos da tribo passaram por isso e o jovem continua a tradição, integrando-se à comunidade com o ritual de passagem dolorido. As moças, igualmente, tem rito próprio a ser observado no início da fase menstrual, em que ficam em isolamento temporário até o final do ciclo.

A universalidade de práticas ritualísticas similares, sob roupagens diversas, de inspiração religiosa ou de observância de tradições pode ser vislumbrada em costumes de pequenas comunidades, como a dos Baktaman, referidos por Hugh Bowden, em estudo sobre o tema. É uma nação da Nova Guiné com apenas 183 pessoas que somente tiveram contato com outras civilizações por meio de estudos do antropologista Frederick Barth, em 1970. Os rituais tinham sete estágios de iniciação, cada um cercado de diferentes tabus, com espancamentos, queimaduras e abstenção de alimentos e de água, com advertências de que poderiam levar os iniciados à morte.[47]

São outras civilizações a observar a ritos carregados de tradição religiosa, a marcar passagem de estágio de desenvolvimento corporal para outra fase, da infância para a puberdade ou adolescência. Ou da conversão para a adoração da divindade a proteger a comunidade.

A procissão católica, com a condução, nos ombros de participantes, de estátuas de santos ou de Nossa Senhora, em suas diversas concepções e denominações, (Imaculada Conceição, Nossa Senhora de Fátima, Nossa Senhora da Aparecida, dentre outras), conta com expressivo número de fiéis, a caminhar silenciosa e respeitosamente em homenagem à divindade dela objeto. O sincretismo do candomblé/umbanda com o catolicismo observa o mesmo ritual da procissão, a conduzir estátua de Iemanjá, assimilada à Nossa Senhora das Candeias, Nossa Senhora dos Navegantes e a Virgem Maria, em 2 de fevereiro de cada ano, enfeitada por flores atiradas ao mar, em devoção à divindade. Da mesma forma, as romarias a santuários, como o de N. S. da Aparecida, erigida no interior do estado de São Paulo, à condição de padroeira do Brasil, ou o Círio de Nazaré, em Belém, atraem número expressivo de crentes.[48]

47 HUGH BOWDEN, *Mystery cults in the ancient world,* Thames & Hudson, 2023, p. 20.

48 Segundo EDWARD GIBBON, o uso e adoração de imagens pelo catolicismo, antes repudiado, sob influência judaica, foi estabelecido no final do século VI por influência da imagina-

No Ramadã muçulmano celebra-se a revelação ao profeta Maomé da palavra divina, com jejum do nascer ao pôr do sol, a marcar o nono mês do calendário islâmico lunar. São cerca de dois bilhões de muçulmanos a se congregarem, parte dos quais em visita à Meca e Medina, formam multidões, por vezes a provocarem vítimas por pisoteamento em eventuais tumultos.

I.19 - Ritual como meio de comunicação com a divindade

Os rituais religiosos são meios de comunicação com a divindade, a requerer a observância de liturgias e solenidades, além de gestos a indicar submissão e respeito. Uma das fontes de que deriva o poder do sacerdote pode-se identificar o de interpretar textos e rituais e qualificá-los como sagrados. Não obstante, a realidade de cada comunidade pode influir na cerimônia religiosa e nos rituais, como indica Confúcio, ao esclarecer que "*os rituais antigos prescreviam o linho como material para o capelo cerimonial, mas a seda passou a ser usada por ser mais econômica*"[49]. É a necessidade de adoção de prática mais acessível a influir no ritual religioso, despida de conceitos de inspiração divina. A inovação introduzida pelo Concílio Vaticano II se encaixa nessa realidade percebida pelos sacerdotes que a aprovaram. O objetivo prático de aumentar o número de fiéis e facilitar a compreensão do rito da missa constituía política útil para preservar o predomínio do culto católico.

A tradução do texto da bíblia para o alemão e para o inglês, no século XVI, ao retirar o monopólio dos mosteiros na sua interpretação, foi duro golpe que extinguiu a prerrogativa exclusiva dos sacerdotes de esclarecer o significado desses textos e de interpretá-los. Pode ter sido o início da tendência que se firmou no Ocidente de influir no exercício do poder político das autoridades estatais, despido de cunho religioso. Os novos tempos então iniciados e fortalecidos com a Revolução Francesa, de 1789, resultaram na eliminação, ou mitigação, do poder da religião como fonte da autoridade estatal. O povo substituiu deus na legitimação da investidura de governantes, atribuição anterior exclusiva da religião, nos regimes monárquicos de então.

ção dos gregos e asiáticos. O Panteão e o Vaticano foram adornados com emblemas da então nova superstição. *The Decline and Fall of the Roman Empire,* The Modern Library, Nova York, vol. III, p. 3

49 *The Analects of Confucio,* The Easton Press, Norwalk, Connecticut, 1976, p. 65

A autoridade do Papa na investidura de reis, imperadores e dos antigos senhores feudais de poder secular hereditário deixou de ter a mesma influência de outrora na condução política dos países ocidentais. O poder da religião, todavia, não desapareceu. É significativo o fato de o presidente eleito dos Estados Unidos prestar juramento no ato de sua investidura no cargo, com a mão espalmada na bíblia, a indicar a presença religiosa a persistir na nação que inaugurou a democracia nos tempos atuais. Eleito pelo povo, mas seu compromisso é com deus, no ato de posse. A coroação do rei ou rainha da Inglaterra é presidido por sacerdote, a quem incumbe o ato simbólico de portar a coroa a ser assentada na cabeça do monarca.

Nos países regidos pela fé islâmica ainda perdura a influência religiosa, com suas divisões entre sunitas e xiitas, a perturbar as relações entre eles. A observância da vestimenta típica árabe, a cobrir todo o corpo, de ambos os sexos, decorre de tradição religiosa a distingui-la da ocidental, menos rígida.

I.20 - O batismo cristão

Na cristandade tem relevância o ritual do batismo, ato solene pelo qual a pessoa torna-se apta a ingressar no reino dos céus, como advertido no Evangelho de São João "*quem não renascer da água e do Espírito não poderá entrar no Reino de Deus*" [50]. É ato necessário para a admissão na Igreja católica, com seu deus restrito aos batizados, segundo ritual consagrado. Simboliza momento de admissão do batizando na comunhão dos crentes da mesma fé, a assegurar aos descendentes a proteção da divindade. O ato é precedido preparação em sessões de catequese, em que o batizando, salvo crianças de tenra idade, recebe ensinamentos sobre a doutrina cristã e os mistérios que informam sobre o credo a ser abraçado. A crisma é ato posterior de confirmação, em que o batizado tem oportunidade de ratificar sua inclusão nos ritos da religião. Aparentemente, é prática em desuso. O natimorto não batizado e os povos indígenas ou de outras religiões estão excluídos dessa proteção, a se considerar aquela afirmação como oficial.

O batismo cristão pela água tem conotação diversa do banho da cul-

---

50 João: ... "Em verdade, em verdade, te digo que quem não nascer por meio da água e do Espírito Santo não pode entrar no reino de Deus. O que nascer da carne é carne, e o que nascer do espírito é espírito... Importa-vos nascer de novo."

tura hinduísta, realizado na confluência de três rios sagrados, o Ganges, Yammuna e Saraswati. Seu propósito é o de limpar os pecados dos banhistas e os libertar do ciclo de reencarnações. A água, no batismo cristão purifica como providência necessária para o ingresso no reino de deus. O exemplo foi dado por Jesus, ao se fazer batizar por João Batista.

O conceito desperta discussão teológica sobre a purificação do feto, envolvo em líquido amniótico e o momento em que a alma se apega ao ser humano, se na concepção, ou no nascimento com vida, a revelar a seriedade com que o tema é encarado. Provoca ainda discussões doutrinárias sobre a possibilidade de se batizar o feto no ventre materno, para lhe permitir a proteção divina, a partir da concepção, considerado impossível por estar envolvido em líquido amniótico, a impedir o contato com a indispensável água. Concebeu-se, para contornar a dificuldade, o batismo condicional, com a fórmula "*...si tu vives etc...*" Da mesma forma, atualmente, o questionário submetido a pais e padrinhos da criança a ser batizada ratifica a seleção de crentes, restrita a batizados.

O batismo, além da conotação religiosa, pode ter viés político. A conversão ao credo cristão de pessoas ou comunidades afeitas a outros credos transforma crentes em deuses diversos em aliados no mesmo ideário. Em tempos remotos da invasão escandinava na Inglaterra nos séculos IX e X, pode-se notar a ação do rei Alfredo, o Grande, cristão devoto, considerado o fundador do país unificado, a empenhar-se em persuadir invasores escandinavos a se batizarem. Era estratégia para converter inimigos e adversários em aliados políticos. Os que se submetiam ao rito cristão, renunciavam, consciente ou inconscientemente, suas convicções religiosas, abraçando o novo credo, em tempos de fé religiosa a presidir ações e guerras. Segundo relato do Bispo Asser, citado por Winston S. Churchill, sobre a batalha travada contra Guthrum, rei dos Vikings invasores, "o pagão, aterrorizado pela fome, frio e medo e em desespero, suplicou por paz." Ofereceu ao rei Alfredo tantos reféns quantos quisesse, sem retorno. A reação do rei foi determinar o batismo cristão como penalidade. A conversão em massa tornou-se meio de derrotar os exércitos Vikings. A intenção de Alfredo era estabelecer paz duradoura com Guthrum, o que o levou a se tornar seu padrinho, em festiva celebração de doze dias em homenagem a ele e a seus principais guerreiros.[51] Eliminou feroz adversário, convertendo-o

51 WINSTON S. CHURCHILL, *A History of English-Speaking Peoples – The Birth of Britain,*

em aliado, honrado pela ação do rei vitorioso. É, de certa forma, estratégia empregada, no mundo empresarial atual, em que a associação com empresa concorrente, ou compra de suas ações majoritárias, visa a eliminar adversário, integrando-o seu ativo, sob sua administração.

Era o empenho a animar europeus, séculos depois, a batizar silvícolas do então Novo Mundo, colocando-os sob proteção do deus cristão, subordinado ao poder papal. O batismo tinha, além do caráter religioso da conversão, o político da submissão ao poder sacerdotal.

Cerimônia similar, embora de conteúdo e efeitos diversos, pode-se lembrar do Bar Mizvá judaico, em que o jovem é iniciado em cerimônia, ao alcançar 13 anos de idade e as meninas 12 anos. É a idade que em que passam a ser responsável por seus atos, Na cerimônia, com a presença de convidados para a celebração festiva, o jovem é chamado para a leitura do Torá, livro sagrado dos judeus. É ato solene de emancipação para a vida a adulta, com as responsabilidades inerentes. O rabino, a presidir a cerimônia especial, confere cunho religioso ao ato, a se incrustar na memória dos jovens, estimulados a perpetuá-lo a seus descendentes.

1.21 - A mitologia

O que se percebe é que a religião e o culto religioso fazem parte da natureza humana, observados em todos os tempos e em todas as civilizações. É possível que seja o traço a diferenciar a Humanidade dos demais seres animais, com a aglutinação de povos com força dominadora a pairar sobre o planeta. A discussão sobre a existência de deus é inócua e sem sentido diante da constatação da crença generalizada na divindade, cercada pela mitologia criada pela imaginação e pela necessidade de proteção divina contra agruras e asperezas da vida. A mitologia é recheada de narrativas simbólicas, explicadas por meio de metáforas. Ao refletir sobre o tema, Joseph Campbell, conclui que "...temos pessoas que se consideram crentes porque aceitam metáforas como fatos e temos outros indivíduos que se classificam ateus porque acham que as metáforas religiosas são mentiras" [52]

É o caso da ressureição de Jesus e de sua subida aos céu fisicamente, de corpo e alma, e a virgindade de sua mãe Maria, casada, mas empre-

Collector Edition, The Easton Press, Norwalk Connecticut, 1984, vol. I, p. 101/102.

52 JOSEPH CAMPBEL, *Isto és Tu,* Landy Editora, São Paulo, 2002, p.29

nhada pelo Espírito Santo, "mãe de deus", símbolos fortes e base da doutrina da espiritualidade do cristianismo católico. É a fé nas assertivas de relatos transmitidos por via oral de geração em geração a lhes conferir veracidade. Na mitologia religiosa há versões coincidentes de mães virgens ou de concepções virginais de pessoas santificadas, como na registrada no hinduísmo e budismo, além do cristianismo.

A virgindade de Maria, mãe de Jesus, é explicada por Lucas, capítulo I, versículos 5-45. Sendo virgem, ao ser-lhe dito ter recebido a graça de deus e que conceberia um filho, indagou: "*Como se fará isto, visto que não conheço homem algum? 35 E, respondendo, o anjo disse-lhe: Descerá sobre ti o Espírito Santo, e a virtude do Altíssimo te cobrirá com a sua sombra; por isso também o Santo, que de ti há de nascer, será chamado Filho de Deus.*"

Mateus, ratifica o relato: *1.18 - Eis como nasceu Jesus Cristo: Maria, sua mãe, estava desposada com José. Antes de coabitarem, aconteceu que ela concebeu por virtude do Espírito Santo. 19* - José, seu esposo, que era homem de bem, não querendo difamá-la, resolveu rejeitá-la secretamente. *20* - Enquanto assim pensava, eis que um anjo do Senhor lhe apareceu em sonhos e lhe disse: José, filho de Davi, não temas receber Maria por esposa, pois o que nela foi concebido vem do Espírito Santo.*21* - Ela dará à luz um filho, a quem porás o nome de Jesus, porque ele salvará o seu povo de seus pecados. *22* - Tudo isto aconteceu para que se cumprisse o que o Senhor falou pelo profeta: *23* - Eis que a Virgem conceberá e dará à luz um filho, que se chamará Emanuel (Is 7, 14), que significa: Deus conosco.

O Corão muçulmano, no século VII, registra o anúncio por anjo feito à Maria para dar nascimento a Jesus, com expressões similares às adotadas pelos apóstolos (Suratas 37 a 42).

A virgindade de Maria, mãe de Jesus, enquadra-se na tradição mitológica da concepção espiritual, não física, como em mitos gregos de conúbios de deuses com mortais. O mito do nascimento de Buda é revestido dessa mesma característica de concepção virtual. Segundo a lenda, a rainha Maha Mâyâ, casada com o rei Suddhodhana não teve filhos. Após vinte anos de casamento sonhou com Bodhisattva, na forma de elefante branco que lhe tocou o corpo e engravidou. Seu filho Sidharta Gautama nasceu em 562 A.C e se tornou o Buda. A rainha morreu sete dias depois e sua irmã Mahapajapati, segunda esposa do rei Soudhoudana, foi mãe de criação do Buda e a primeira monja a ser aceita nessa condição.[53]

Outro nascimento de mãe virgem é o do poderoso santo hindu Vyasa, que Campbell, classifica como "renascimento espiritual". Segundo o mito, o avô de Vyasa acabara de se casar e deveria manter relações sexuais na primeira noite após o enlace, sendo pecado deixar de fazê-lo. Todavia, pensava ele que a fecundação da noiva deveria ocorrer logo após a menstruação e não na própria noite do casamento, o que o levou a aceitar o convite de seus parentes para uma caçada, como era de seu dever familiar. Em viagem na floresta para a caça, teve um orgasmo provocado por sonho erótico e depositou o sêmen em uma folha, entregando-a a uma ave para que a levasse à esposa. No trajeto, a ave foi atacada por falcão e a carga caiu no rio Ganges e tragada por peixe fêmea, imediatamente fecundada. Pescado o peixe, os pescadores encontraram uma garotinha em suas entranhas. Ao crescer tinha cheiro de peixe, o que lhe valeu o apelido de *Cheiro de Peixe.* O seu nome real, contudo, era Verdade.[54] Ao crescer, o barqueiro que a apanhara levou-a ao seu barco para transportar pessoas. Em um desses transportes surgiu um *iogue*, um santo, que pretendia manter com ela relações sexuais, ao que ela recusou alegando que havia pessoas nas margens a olhar. O *iogue,* então esclareceu que podia fazer descer uma nuvem, tendo a jovem ainda objetado por ser virgem. O *iogue* insistiu dizendo ter o poder de restaurar a virgindade da jovem. Consumado o ato, engravidou. Foi para uma gruta e deu à luz a Vyasa, que se tornou poderoso santo conhecido, que veio a salvar a mãe de algumas agruras por que passara. Esse mito hindu do nascimento de grande líder espiritual nada tem a ver com a biologia, como acentua Campbell.[55] Seria similar ao renascimento do jovem, em cerimônia em que enterra a fase infantil e nasce para a vida adulta.

A crença no relato da virgindade de Maria, mãe de Jesus, se funda nesse quadro de nascimento espiritual, arraigado no cristianismo católico, tal qual as narrativas sobre o conúbio entre os deuses e mortais da

53 Segundo Hermann Oldenberg, o pai de Buda não era rei, mas, por ser rico proprietário da raça dos Sakyas, tal como sua mulher Mâyâ, foi agraciado posteriormente com aquele título. *BOUDHA – vie et religion*, Jean de Bonnot, Paris, 1998, p. 128.

54 JOSEPH CAMPBELL, *Creative Mythology – The mask of God. Peguin Books,* 1968, p.13.

55 JOSEPH CAMPBELL, *Isto é tu -Redimensionando a metáfora religiosa*, Landy Editora, São Paulo, 2002, p. 136/137.

mitologia greco-romana, do budismo e hinduísmo a produzir efeitos duradouros.

I.22 -Efeitos do mito

Os gregos e os romanos, com a multiplicidade de deuses acreditavam nos relatos mitológicos que envolvia cada um deles, com suas peripécias, a influir em comportamentos sociais e a servir de inspiração a poetas e filósofos e de baliza para a ação política.

É ilustrativo, a propósito, trecho de *O Banquete* de Platão, em que Fedro aborda a antiguidade do deus Eros e sua influência na juventude, com sua exaltação à beleza: "Eros é um deus extraordinário entre deuses e homens, por muitos motivos, entre os quais a origem não é o menor. Ser entre imortais o mais antigo, declaro, representa distinção ímpar. Trago a prova: ancestrais de Eros não existem, ninguém jamais se referiu a eles, seja um qualquer, seja um poeta. Hesíodo afirma que primeiro apareceu o Caos, em seguida a Terra de amplos peitos, de todos assento seguro sempre, e Eros. Acusilau reafirma o que se lê em Hesíodo, ao declarar que depois do caos apareceram a Terra e Eros. Parmênides, ao se referir à origem, sustenta, antes de tudo [a Justiça] ideou Eros..."

Cada civilização tem seus mitos e crenças, não se podendo afirmar possuírem universalidade, diante das características que distingue uma das outras. É certo que a mitologia não se confunde criação literária, fruto da imaginação de escritores. Não obstante as diversas interpretações sobre o significado da palavra, é entendimento pacífico que mito não é entretenimento, nem explicação de algum fenômeno natural, como conclui C. E. Wright, citado por John F. Priest. Para esse autor, o mito é "a narrativa em forma de história, de fatos universais da vida para os quais o ser humano precisa se ajustar." A mitologia. na sua visão, não é manifestação periférica, nem de luxuria, mas tentativa de integração da realidade e experiencia consideravelmente mais séria do que chamamos atual e vagamente de "filosofia de vida".[56] A psicologia junguiana considera serem os mitos universais e uma necessidade para o psique do ser humano e dar sentido à sociedade e à nossa própria circunstância pessoal. Os mitos exprimiriam a verdade de nosso incons-

56 JOHN F. PRIEST, "Miths and Dream in Hebrew Scripture", in *Myths Dreams and Religions,* coordenado por Joseph Campbell, Spring Publications, Inc., Dallas, Texas, p. 51

ciente e da própria sociedade em que todo o indivíduo está integrado. É o inconsciente coletivo a explicar tendências sociais em determinadas épocas, substituídas por outras pela dinâmica social.

O foco na religião dos tempos medievais e da Renascença foi desviado para o do sucesso econômico, provindo da Revolução Industrial do século XIX e ampliada até nossos dias para a defesa do meio ambiente e dos direitos humanos. O "homem religioso" daqueles tempos foi substituído pelo "homem da empresa" dos tempos atuais, sob o prisma da economia, de que adiante se tratará

Há, todavia, quem considere que o mito contém o espírito, não surgindo do sono da alma, com seu componente etéreo. É o que pensa Walter Friederich Otto. grande erudito alemão, falecido em 1958 e estudioso da religião dos gregos antigos. Para ele, a teoria dos arquétipos desenvolvida por Jung e seus adeptos, que ele denomina "psicologia profunda", leva o homem a voltar a si mesmo "apartando-o do espírito divino que irradia do universo patente"[57]. Segundo essa visão, o mito autêntico está sempre cheio de espírito. Enxerga nisso o "olho espiritual aberto ao ser das coisas." É a visão religiosa do mito que vê o mundo atual dessacralizado, como parte integrante do corpo humano, dissociado do elemento etéreo do espírito.

O ser humano é criador de mitos por natureza [58]. Em todos os tempos e em todas as civilizações encontram-se mitos, alguns desaparecem com o tempo e são substituídos por outros. A mitologia greco-romana é fato histórico e foi substituída por outras, como a cristã, que perdura há dois mil anos. Embora deuses da mitologia greco-romana como Dionísio, (Baco) Apolo, Afrodite, Minerva (Atena) e outros sejam referidos na literatura e mesmo em textos de cunho científico, são expressões figurativas a ilustrar pensamentos, sem conotação de religiosidade ou de crença na veracidade do mito.

I.23 -A mitologia e a literatura

Pode-se afirmar ser o mito construção anônima do ser humano ao longo do tempo, a fazer acreditar sejam verdadeiros e ocorridos os fatos dele objeto. É o mesmo princípio que explica o costume como norma jurídica, caracterizado pela reiteração de condutas a gerar convicção de

57 WALTER FRIEDERICH OTTO, *Teofonia, Odysseus* Editora, São Paulo,2006, p. 36.
58 MYTHOLOGY, vários autores, Global Book Publishing, 2003, p. 32/33

ser obrigatória pelo decurso do tempo. A distinção entre a mitologia e a literatura reside no fato de o mito ser considerado ocorrência verdadeira, real, enquanto a literatura é reconhecida como imaginação de trama de determinado escritor. O mito é anônimo e perdura no tempo e desaparece com a dinâmica própria das sociedades; a literatura, como outras obras de arte, tem autor e permanece. É sintomática a ilustração de cenas mitológicas por pintores, em telas a refletir a imaginação do autor. A pintura da Última Ceia, de Leonardo da Vinci, é vista como retrato de acontecimento mitológico como se fosse real, a despertar discussões sobre os comensais, suas vestimentas e os lugares ocupados na mesa. A arte a imortalizar o mito. As cenas de deuses gregos e romanos são também imortalizadas em telas de pintores e esculturas de artistas celebrados. A estátua de Apolo, defronte ao palácio ducal de Florença, como a de outros locais, a reproduzir a escultura antiga, é apreciada como obra de arte, sem intenções religiosas.

Ilustra essa distinção a peça de Shakespeare, Romeu e Julieta, e o mito grego sobre a origem da cor vermelha da amora. Segundo o mito, os jovens Pyramus e Thisbe eram apaixonados. Moravam em casas vizinhas, mas suas famílias eram inimigas, o que os fazia se valerem do artifício de conversarem através de abertura feita no muro. Em certo momento, combinaram fugir e de se encontrarem no pé de amora crescida perto do túmulo de Ninus. Thisbe foi a primeira a chegar e, enquanto aguardava, uma leoa se acercou para beber água, sem lhe notar. Tinha acabado de matar uma presa e estava com a boca ainda sangrando do animal devorado. Thisbe se escondeu em uma caverna próxima, tendo deixado cair o véu onde estivera. Ao chegar Pyramus, estando ainda escuro, viu o sangue, e o véu e concluiu que Thisbe tinha sido devorada pela leoa, cujas pegadas percebera no local. Em desespero, matou-se com a espada e seu sangue se espalhou sobre as amoras, que, naquela época, eram brancas. Ao sentir-se segura, saiu Thisbe do esconderijo e deparou com Pyramus caído, que abriu os olhos ao vê-la, mas, em seguida, morreu. Ela, também em desespero, vendo sangue na espada de Píramos, usou-a contra si. Seu sangue também se esparramou nas amoras, a explicar por que ficaram vermelhas.[59] O mito aborda a paixão juvenil resistida pelas famílias, o trágico desenlace inesperado e a transformação da cor da fruta de branco para vermelho. Não há nada

59 MYTHOLOGY, vários autores, Global Book Publishing, 2003., p. 88/89

de religioso no mito, mas fato universal de a cor da amora ser vermelha, como o sangue da paixão que a provocou. A cena é ilustrada em pintura de Lucas Cranach, o velho, (1.472/1.553).

Segundo se relata, Shakespeare teria se baseado nesse mito grego para criar o romance Romeu e Julieta, a ratificar a distinção entre o mito acreditado como fato acontecido e a criação literária, imaginação do autor. O mito que teria inspirado Shakespeare não é mais lembrado popularmente, ao contrário da peça literária que perdura na atualidade.

I.24 - A influência do politeísmo greco-romano

A multiplicidade de deuses do Império Romano, em paralelo aos dos gregos, preservado por séculos até a adoção do cristianismo pelo Imperador Constantino no século IV d.C., contaminou a religião católica. O monoteísmo cristão sofreu influência do politeísmo daquelas civilizações, com a consagração de santos, alçados à condição de divindades no imaginário popular. Templos são erigidos para os cultuar por legiões de devotos, a lhes invocar a graça divina, proteção e amparo. São homenageados por estátuas, imagens e símbolos a lembrar a trajetória da suas vidas. As pessoas sentem-se por eles amparados e protegidos, tal como a Virgem Maria, transformada em mãe de deus e destinatária de promessas e responsável por graças a ela solicitadas. São mais do que profetas e considerados intermediários próximos de deus. Nessa condição acabam por serem transformados em divindades celebradas por devotos e destinatários de pedidos de ajuda e de promessas por graça ansiada. É o monoteísmo católico temperado pelo politeísmo de influência greco-romana ancestral, com a idolatria a perdurar entre os fiéis.

Os judeus, hindus, chineses, japoneses e os povos silvícolas, igualmente adoram deuses próprios a lhes proteger e a punir infratores. É a religião que preside a investidura da autoridade pública dos monarcas. Ancorar a autoridade pública em deus é mecanismo útil e mesmo necessário para lhe impor limites, obrigando-a a se pautar por preceitos religiosos, afastando o arbítrio e a autocracia. O velho testamento, no Levítico 19, está recheado de ditames a nortear a ação de sacerdotes e de crentes provindos da divindade. O monarca, submetido à vontade e aos mandamentos de deus, não exerce sua autoridade de forma absoluta. Está subordinado aos cânones da religião que o ungiu e aos preceitos que a informam. O sacerdote é o intermediário a interpretá-

-los ou a cria-los, do que advém seu poder. É certo que nem sempre essa limitação impediu abusos de monarcas, por vezes convencidos de possuir divindade própria. Nesse sistema de governo o povo não conta. É a divindade que impõe normas de conduta inscritas em livros sagrados ou em preceitos afirmados por sacerdotes. O seu descumprimento pode importar em castigos depois da morte, ou em vida, com doenças ou acidentes fatais. Por vezes a própria comunidade se rebela em levante contra o monarca desobediente de preceitos religiosos que exige sejam observados. A decapitação de reis, em processos revolucionários se encaixa nessa realidade.

Nas democracias, a autoridade do governante provém do povo, da nação, como estabelecido desde a Revolução Francesa, com a repercussão alcançada para todo o mundo ocidental. Não obstante, é fato histórico a restauração da monarquia por Napoleão, que convocou o Papa para sua entronização como imperador dos franceses. A investidura de monarcas subsequentes na França, até Napoleão III, em meados do século XIX, com intervalos republicanos, revela a força da tradição na terra do movimento revolucionário que eliminara a monarquia. Mesmo no país que inaugurou a democracia moderna, os Estados Unidos, não se ignora a divindade, como se nota de sua Constituição, ao regular o ato de posse do presidente:

> "Antes de assumir seu mandato, ele deverá fazer o seguinte Juramento ou Afirmação: "Eu solenemente Juro (ou Afirmo) que exercerei fielmente o cargo de Presidente dos Estados Unidos e farei o melhor de minha Habilidade, para preservar, proteger e defender a Constituição dos Estados Unidos" (tradução livre do Autor)[60]

O juramento é afirmação ou promessa de comportamento perante deus, ato solene prestado com a mão estampada na Bíblia a dar força ao ato. É compromisso assumido com deus, mesmo na república com eleição pelo povo.

I.25- Flexibilidade dos dogmas – uma necessidade

As três vertentes derivadas do Velho Testamento resistem ao tempo

60 "Before he enter on the Execution of his Office, he shall take the following Oath or Affirmation:—"I do solemnly swear (or affirm) that I will faithfully execute the Office of President of the United States, and will to the best of my Ability, preserve, protect and defend the Constitution of the United States."

e são alimentadas por adeptos em todo o mundo. O credo religioso do cristianismo revela dissensões, fruto de embate de poder e de ideologias a influenciar seguidores. A católica romana milenar, sob o poder do Papa, convive com a ortodoxa grega e oriental e o protestantismo resultante da reação de Lutero e de seus seguidores contra a política de venda de indulgências e de outros procedimentos acolhidos pelo Papa. Dissensões não aplacadas a causar de embates por vezes violentos registrados ao longo de séculos de luta por poder de influenciar populações.

Da mesma forma, o islamismo não se firmou em uma única orientação, logo dividido em sunitas, adeptos da tradição islâmica, e xiitas, insurretos seguidores de Ali, genro de Maomé e pretenso herdeiro do credo religioso. São variações do mesmo ideário protagonizado por Maomé, filiado ao Velho Testamento, em constante luta pelo poder. Mesmo o judaísmo, antecedente da mesma matriz cristã e islâmica, registra dissensão com adeptos de rituais ortodoxos e rígidos, apegados a práticas tradicionais não acolhidas por todos os fiéis.

No Brasil, o predomínio da religião católica prevaleceu por todo o período imperial e em grande parte do regime republicano, a impedir a aprovação de normas contrárias a seus postulados, como a dissolução do casamento pelo divórcio e o reconhecimento de filhos adulterinos. Somente na segunda metade do século XX é que perdeu parte de sua influência para o ramo cristão protestante e evangélico, que se tornou hábil no uso dos meios de comunicação de massa. A televisão foi instrumento eficiente para alcançar maior número de pessoas. Permite ampliar seguidores, em detrimento do catolicismo tradicional.

Os administradores da religião católica, ao perceberem os novos tempos e a ação da rival protestante e evangélica, defrontam-se com o dilema de modernização e adaptação a costumes e hábitos novos a informar o comportamento de crentes. A evolução de práticas sociais, a influência da tecnologia, as descobertas de técnicas medicinais, o aumento da população mundial, as denúncias de pedofilia de sacerdotes são fatores a requerer mudanças e adaptações. Campanhas para a legalização do aborto em paralelo ao movimento de libertação feminista são fontes de pressão intensa sobre os rumos da ideologia religiosa. As autoridades eclesiásticas católicas, nesse novo cenário, defrontam-se com temas difíceis. Dentre eles destaca-se a dissolução do vínculo conjugal, por meio do divórcio, aceito por outras setores da fé cristã, o celibato sacerdotal e a exclusão de mulheres na condução do serviço religioso. Diante da realidade e da pressão da juventude para afastar as amarras do casamento indissolúvel, adota-se estratégia de flexibilidade.

No passado, havia a proibição de pagar e de cobrar juros, a caracterizar a usura. O banco dos Medicis, no século XVI, ciente do veto, premiava cardeais depositantes, ao final do ano, com o depósito de bônus em suas contas em agradecimento pela fidelidade. Não eram juros, mas produziam o mesmo efeito de remunerar o capital depositado.[61]

Preservava-se o preceito religioso, sem descurar dos benefícios. Foi, igualmente, a matriz do título de crédito conhecido como "letra de câmbio" (carta de câmbio), em que o credor instruía o devedor, por meio de carta, a pagar seu débito em determinada moeda à pessoa por ele indicada. Em tempos de caminhos perigosos por terra, o credor valia-se do artificio, ao enviar carta por emissário comerciante interessado em fazer negócios na localidade em que residia o devedor. A carta autorizava-o a pagar o débito ao destinatário, no montante da conversão da moeda, a camuflar os juros incluídos.

I.26 - A anulação do casamento católico

A anulação de casamentos pela Igreja Católica reproduz antiga estratégia de flexibilização de normas e de dogmas diante da realidade do momento. Não se aceita o divórcio, mas se alcança o resultado esperado, com a anulação do vínculo matrimonial pelo acolhimento de algum pretexto, após regular processo dirigido por sacerdotes. Segundo a "*Instrução para a dissolução do matrimônio em favor da fé*", da Congregação da Doutrina da fé, do Vaticano, de 06 de dezembro de 1973, há que se observar três condições para a aprovação, além de outras: "a) ausência do batismo por parte de um dos cônjuges ao longo da vida conjugal; b) Falta da convivência conjugal própria do exercício do matrimônio após o batismo, porventura motivada pelo cônjuge não batizado e c) que a pessoa não batizada ou batizada fora da Igreja católica, deixe à parte católica a liberdade e a faculdade de professar a própria religião e de batizar e educar os filhos nos padrões do catolicismo; esta condição, por cautela, deve constar com toda a segurança."

Expediente para atingir o objetivo desejado e permitir novo enlace, sem ferir o dogma religioso, com a manutenção do poder sacerdotal

61 TIM PARKS, *Medici Money*, Atlas Books, Nova Iorque, 2005, p. 23/25

para dissolver o vínculo conjugal.

A esse propósito, são oportunas as considerações contidas no Ofício da Congregação para a Doutrina da Fé, do Vaticano, de 30 de abril de 2001, memória de são Pio V, segundo o qual " *No século XX o número de matrimónios que requerem o remédio pastoral da dissolução do vínculo, aumentou consideravelmente por diversas causas, entre as quais pode-se enumerar as seguintes: a separação entre os grupos religiosos, fechados em si mesmos, que existia nos séculos anteriores, quase desapareceu por completo neste século, de tal maneira que os matrimônios mistos se multiplicaram sobremaneira e também os matrimônios contraídos depois de obtida a dispensa do impedimento de disparidade de culto, entre uma parte católica e outra não batizada; igualmente, o Código de 1917 revogou o impedimento de disparidade de culto com respeito aos não católicos batizados e, por conseguinte, os matrimônios entre estes não católicos e os não batizados são válidos sem dispensa alguma, e,* ***em consequência, aumenta o número de matrimônios que estão submetidos ao remédio da dissolução do vínculo; adiciona-se também o progressivo crescimento da fragilidade e inconstância dos vínculos da família, que faz que se propague mais o divórcio (cf. Gaudium et spes, 47) e aumente dia após dia o número dos matrimónios que fracassam.*** (destaque adicionado).[62]

É a adequação à realidade dos novos tempos e flexibilidade para atenuar rigidez antiga, evitando-se evasões de crentes desejosos de se divorciarem, como aceito pelo credo dos protestantes.

O divórcio é ato do Estado. A anulação do matrimonio religioso está na esfera de poder de sacerdotes. A união de casais veio retirar-lhes a exclusividade na prerrogativa de legitimar a constituição de famílias e o de autorizar o desfazimento de matrimônios. É a ação da Sociedade Civil a se impor e a legitimar a união de casais, sem o concurso de qualquer deles. Sua dissolução, da mesma forma, não depende de ato formal ou assentimento de autoridades públicas ou eclesiásticas. Trata-se de matéria contratual a ser resolvida segundo normas de Direito privado.

A Constituição brasileira, ao acolher aspirações da Sociedade Civil, reconhece-lhe efeitos jurídicos e confere-lhe legitimidade. Em outros países vigora o direito de coabitação com efeito similar ao da união

---

62 Prefácio das *NORMAS SOBRE A INSTRUÇÃO DO PROCESSO DE DISSOLUÇÃO DO VÍNCULO MATRIMONIAL EM FAVOR DA FÉ*, de 30 de abril de 2001.

estável brasileira. Trata-se, pois, de tendência resultante da modificação de costumes acelerada a partir dos anos 1960. Afastou-se o cunho religioso do matrimônio para a formação da família e a ação do Estado a legitimá-lo e a autorizar o seu desfazimento por meio do divórcio.

A Sociedade Civil assumiu a tarefa.

PARTE II

A ECONOMIA

II.1 - Novo participante das relações internacionais: a empresa privada

Novo componente veio a perturbar a amplitude de poder dos sacerdotes e a crença religiosa. É a exaltação da Economia como fator a impulsionar as sociedades, antes divididas segundo a fé individual ou coletiva. Não se fala mais em países católicos, protestantes, ortodoxos, islâmicos, budistas ou hinduístas e sim em países desenvolvidos e subdesenvolvidos, ou ricos, emergentes e pobres. O Estado do Vaticano, de inspiração católica, o Irã e a rival Arábia Saudita, sob a teocracia islâmica, e Israel de tradições judaicas são exceções, a confirmar a regra geral. Três vertentes bíblicas as perdurar por milênios, sob novos ares da atualidade.

O critério divisor passou a ser o econômico e militar a prevalecer sobre o religioso. Ou, ainda, segundo outra ótica, países dotados de armas nucleares, de destruição em massa, e os delas desprovidos. O foco na Economia registrado a partir da Revolução Industrial na Inglaterra, no século XIX, sob inspiração das ideias de Adam Smith, com sua Riqueza das Nações, publicado em março de 1776, teve desenvolvimento lento, mas contínuo. Contrastou com as ideias de Karl Marx e Frederich Engels, no século XIX, mas teve em comum o foco na Economia. Um dos efeitos comum a ambas foi o de afastar a religião como vetor para a condução dos povos, transferindo-o para o do desenvolvimento social por meio da Economia.

Os conflitos armados registrados nos séculos XIX e XX, prosseguindo no atual, não tiveram – e não têm - como pano de fundo questões religiosas. Ao contrário do que ocorreu no passado, sobretudo, na Idade Média e Renascença, em que a religião predominava e estava na base das ações bélicas, as verificadas a partir do século XIX foram motivados por interesses de ampliação de poder político e militar. A multiplicidade de temas a envolver o credo religioso, destacado na Parte I deste livro, mostra quão complexa é a questão da fé religiosa e os efeitos que produziu, com reiterações previsíveis.

Napoleão, em suas investidas, não se apoiava em credo religioso com pretensão de o impor aos países conquistados. Ansiava por ampliar poder nacional, como fez Hitler no século XX e, neste século XXI, o russo Vladimir Putin, com a invasão da Ucrânia, após ter anexado a Criméia. Os Estados Unidos, com a incursão do Iraque, em 2003 e, antes, em 2001, do Afeganistão não ficaram de fora dessas iniciativas truculentas, precedidas pela malograda intervenção no antigo Vietnã do Sul. Suas ações diferem das tomadas por Carlos V e seu filho Felipe II, para ampliar o poder da religião católica nos Países Baixos e na Alemanha. A ação bélica dos Papas naquele período, apoiada por seus exércitos, tiveram objetivos religiosos e de poder. Os missionários cristãos enviados ao então Novo Mundo, a América, tinham a finalidade de conversão de silvícolas ao credo religioso e à consequente obediência ao poder papal. É certo, todavia, que, paralelamente, as expedições marítimas empreendidas tinham objetivos precípuos de açambarcar metais preciosos para os cofres dos países colonizadores de então, sobretudo da Espanha, ávida de recursos para financiar suas guerras religiosas.

O cenário mudou. A constituição da ONU, em 1945, revela a percepção da Sociedade Civil, representada pelos países que a fundaram de que uma das causas de conflitos e tensões internacionais reside no desenvolvimento econômico desigual das populações; não da religião. Essa a razão pela qual se criou o Conselho Econômico e Social como um de seus órgãos permanentes, para examinar temas socioeconômicos, a afetar a paz e a segurança internacionais.[1]

A nova configuração da Ordem Internacional, com foco na Economia, criou condições para a expansão das empresas privadas até então confinadas, em grande parte, nos confins dos territórios de seus países.

1 Carta da ONU - **Artigo 62. 1.** O Conselho Econômico e Social fará ou iniciará estudos e relatórios a respeito de assuntos internacionais de caráter econômico, social, cultural, educacional, sanitário e conexos e poderá fazer recomendações a respeito de tais assuntos à Assembleia Geral, aos Membros das Nações Unidas e às entidades especializadas interessadas

O esforço para a reconstrução dos países europeus afetados pela guerra, contou com recursos do Plano Marshall americano e os investimentos dele derivados a dar guarida às empresas privadas. Para evitar o avanço soviético em áreas retomadas da vencida Alemanha, o plano americano reforçou a opção do sistema capitalista da economia a contrastar com a centralização operada na antiga União Soviética. A "Cortina de Ferro", como apodou Churchill ao fechamento das fronteiras dos países que orbitavam em torno da União Soviética, abrigou o sistema da economia centralizada no Estado. Foi o nascimento aos blocos de orientação da Economia diverso a dar nascimento ao que, posteriormente, se denominou Guerra Fria: sistema comunista da Economia enfeixada no Estado versus a descentralização mercado operada por empresas privadas.

A descentralização da Economia propiciou ambiente para as empresas privadas florescerem e se espalharem mundo afora. Algumas mais notórias com incursões em países estrangeiros, assumiram, aos poucos, a feição multinacional com a instalação de subsidiárias, ou associações em diversos países. Com a queda do muro de Berlim, a dissolução da União Soviética, sob o governo de Boris Yeltsin, sob influência do seu predecessor Michael Gorbachev e adesão dos países do leste europeu ao sistema do livre mercado, tornaram-se complexos multinacionais.

Paralelamente aos dois blocos antagonistas, um terceiro se imiscuíra na disputa, integrado por Estados de menor expressão econômica, apodados de Terceiro Mundo. Eram os países subdesenvolvidos ou em desenvolvimento que se organizaram em bloco na Assembleia Geral da ONU para criar o que se denominou uma Nova Ordem Internacional para atender seus reclamos de desenvolvimento. Contavam com o sistema de um voto por país para formarem maioria na Assembleia Geral. Aprovaram diversas resoluções relevantes e criaram órgãos contra a vontade dos dois blocos antagônicos. Três vertentes a conviveram depois da segunda metade do século XX, com embates ideológicos e econômicos no meio dos quais atuavam silenciosamente as empresas privadas, em contínua expansão. Havia intenso debate sobre os efeitos benéficos ou maléficos dos investimentos estrangeiros.

As discussões focalizavam tempos do extrativismo das empresas estrangeiras a explorar recursos minerais, sem proveito para o país hospedeiro; ou a atividade local sem transferência de tecnologia. Ou, ainda, o poder do país de onde provinha a empresa a dar-lhe amparo político, por vezes abusivo. A proteção diplomática de que então gozavam era instrumento que lhes dava suporte, com o histórico da prática do século XIX, sobretudo contra países da América Latina. Um dos fatos a ilustrar a época e a suspeita que pairava sobre a ação das empresas estrangeiras é a observação de vendedor de máquinas de costura elétricas a se vangloriar tê-las vendido em cidade dos Andes onde não havia eletricidade.

Havia histórico a ser ponderado no debate diante das incertezas dos novos tempos que explica o movimento dos países do então Terceiro Mundo para instalar uma nova ordem econômica internacional que lhes desse amparo. As reuniões periódicas do GATT revelam tempos de incertezas sobre tendências e de aspirações dos países das três vertentes que compunham o cenário internacional, os desenvolvidos, os em desenvolvimento e os subdesenvolvidos. As Rodadas iniciadas em 1986 se sucediam com periodicidade programada e expunham dissensões nas discussões sobre a regulamentação do comércio internacional. Demorou até chegar ao termo final com a constituição da Organização Mundial do Comércio em 1º de janeiro de 1995. O que é hoje visto com clareza, na época havia dúvida sobre os caminhos a serem traçados. As empresas multinacionais eram novidade e temidas, o que pode explicar dúvidas que cercavam a estratégia de acesso de investimentos estrangeiros para impulsionar as economias dos países menos desenvolvidos.

Basta verificar a extensa bibliografia sobre o tema produzido na época, décadas de 1960/1970,[2] para se ter ideia das incertezas sobre a conveniência ou não de aceitar investimentos estrangeiros e o comportamento das empresas. Não se previa a drástica reviravolta no cenário internacional com o processo de descolonização empreendido sob os auspícios da ONU, na década de 1960, o fim da Guerra Fria, a dissolução da União Soviética, o neoliberalismo instalado e, sobretudo, o aparecimento da Internet a modificar o panorama das relações econômicas e sociais entre os Estados e as empresas privadas. Foram acontecimentos que se sucederam em curto período de menos de cinquenta anos. Tem-se destacado a década de 1960 como o início desse novo ciclo que perdura no século XXI com contornos nem sempre nítidos. Modifi-

2 JOSE CARLOS DE MAGALHÃES, *Direito Econômico Internacional*, Juruá Editora, Curitiba, 2ª Edição, 2017, 228.

cações sociais e nos costumes se aprofundaram a influir na condução política dos povos, com efeitos duradouros. No Brasil, temerosos dos efeitos dos movimentos sociais em diversas partes do mundo, as autoridades militares que governavam o país editaram o Ato Institucional nº 5, que autorizava confisco de bens, aposentadorias compulsórias de funcionários, cassação de mandatos, com a exclusão da apreciação do ato pelo Judiciário. O Ato perdurou por dez anos e deixou traumas na população brasileira. Foi reação desproporcional típica da tibieza das autoridades militares de então.

II. 2 – A política de substituição de importações e seu fim

Alguns países, o Brasil dentre eles, adotaram a política de substituição de importações, a dar impulso à indústria local, com restrições à importação de bens de capital e de consumo e ao ingresso de investimentos estrangeiros. Era o ideário preconizado pela Conference of the Parties - COP. 29), da ONU, com base nas ideias de Raúl Prebish e Celso Furtado, dentre outros, a estimular o crescimento econômico autárquico de cada país, desvinculado da tecnologia e do capital externo. Dois fatos podem ser destacados, dentre muito outros, como efeitos notórios dessa política.

O primeiro foi o rígido controle da importação de tecnologia estrangeira e da prestação de assistência técnica, posta em vigor no Brasil por meio dos Atos Normativos nº 15, de 1975, e nº 30, de 1978, do Instituto Nacional da Propriedade Industrial. O primeiro estabelecia condições para a contratação de tecnologia e assistência técnica estrangeiras e o segundo proibia a importação de peças para a indústria automobilística. Era praxe a consulta às entidades representativas das indústrias de máquinas sobre se a máquina, o equipamento ou a tecnologia cuja importação se pretendia era fabricado no país. Não era incomum a resposta ser positiva, com o esclarecimento de que, embora não houvesse histórico de fabricação de determinada máquina ou peça, a empresa consultada informava ter maquinário adequado para o fim almejado. Era o bastante para impedir a importação, ficando as empresas brasileiras reféns do entendimento de burocratas e da ideologia então predominante. Empresários brasileiros, em visita a feiras internacionais no exterior sobre máquinas de última geração, sentiam-se frustrados por estarem impedidos de importá-las pelas normas regulamentares brasileiras. Ficavam sem acesso às inovações técnicas do maquinário industrial do setor, embora abrigados e acomodados pelo protecionismo dominante. O parque industrial brasileiro, em consequência, sentia os efeitos da impossibilidade de adequação tecnológica desenvolvida no exterior, sem acompanhamento adequado no país.

Esse ideário perdurou até a última etapa do governo militar, já então sob a presidência do civil José Sarney - 15 de março de 1985 até 15 de março de 1990 - eleito pelo Congresso como vice de Tancredo Neves, falecido antes de tomar posse. Em seu governo, foi aprovada a reserva de mercado de produtos de informática (Lei Federal nº 7.232/84) com o impedimento de instalação de indústrias estrangeiras de computação no país. As empresas brasileiras de informática criadas sob essa lei tiveram duração curta. Não sobreviveram aos tempos acelerados das inovações tecnológicas produzidas pelo então incipiente grupo formado por jovens no Vale do Silício, em ambiente de livre competição. Suas iniciativas audaciosas que provocaram verdadeira revolução na área de informática, afetando seriamente a então portentosa IBM, com seus 400 mil empregados e subsidiárias espalhadas mundo afora, como líder mundial na construção de grandes computadores.

Os pequenos computadores de mesa e portáteis inicialmente ignorados e de pouca expressão avançaram e tomaram espaço daquela empresa, que encolheu significativamente. Da mesma forma, as grandes empresas fabricantes de câmeras fotográficas acabaram sucumbindo ante a expansão dos telefones celulares a invadir o espaço com a técnica de tirar fotografias digitais por meio daqueles aparelhos de múltiplas funções. A novidade passou a dispensar o ritual de revelações de fotografias, vídeos e filmes, sustentáculos das empresas fabricantes de câmeras fotográficas e de prestação de serviços de revelação de filmes. Tornou coisa do passado remoto os *slides* a exigir aparelho para exibir fotografias em telas dependuradas em paredes. Foram substituídos pelo *power point* da nova tecnologia. A empesa americana Kodak e a japonesa Fuji filme foram seriamente afetadas pelo novo tipo de concorrente insuspeitado. Foi momento inicial em que despontaram lideranças jovens a atuar em área até então reservada às grandes empresas. De iniciativas em garagens domésticas explodiram a fazer concorrência com as tradicionais fabricantes de pesados computadores. Microsoft e Apple são das que surgiram desse jeito. Juntamente com outros participantes do setor sediados no Vale do Silício promoveram desenvolvimento da técnica computacional e da Internet formando oligopólio a perdurar no século XXI com grande poder de informação e de comunicações.

O segundo fator a se destacar dos efeitos política de substituição de importações teve como foco a indústria automobilística estrangeira instalada no país. A prosperidade de que gozava repousava na ausência de concorrência externa, no aumento da população e, em consequência, no crescimento do mercado local. Não as preocupavam as inovações tecnológicas de suas matrizes e congêneres no exterior, protegidas que estavam contra a concorrência externa, impedidas da ingressar no país. Duas iniciativas locais se aventuraram na fabricação dos automóveis, o Gurgel e o pequeno Romi-Iseta. O sucesso inicial, contudo, logo arrefeceu. Sendo setor que requer grandes investimentos e tecnologia de ponta, os empreendimentos tiveram curta duração. Não foi por outra razão que indústrias mais antigas e renomadas, como a Chrysler, dos Estados Unidos, teve de se socorrer de vultoso empréstimo estatal. Pouco depois, associou-se ao grupo italiano Fiat, por sua vez desfigurado pelo complexo de empresas europeias de que passou a integrar. O ingresso nesse mercado de automóveis de origem asiática, sobretudo do Japão, abalou o então predomínio das indústrias norte-americanas e europeias.

O primeiro governo civil após a promulgação da Constituição de1988, em que foi eleito Fernando Collor de Melo, atento à evolução da tecnologia e dos empreendimentos internacionais, tomou direção diversa da adotada pelos governos militares[3]. O Ministério do Desenvolvimento de seu governo foi ocupado pelo Ministro Celso Lafer, professor da Faculdade de Direito da USP, com visão acurada sobre a dinâmica da Ordem Mundial em ritmo acelerado de então. A política de substituição de importações foi abandonada. Novos ares oxigenaram a República, com o primeiro governo civil depois de longo período do regime militar inaugurado em 1964 e terminado com a promulgação da Constituição de 1988. Logo se procedeu a abrupta abertura do mercado nacional, causando sérios embaraços a setores industriais acomodados com a falta de competição externa. Muitos não sobreviveram aos novos tempos de concorrência com produtos importados. Com a

3 Sobre o tema, vide CELSO LAFER, *Filosofia e Teoria Geral do Direito – Um Percurso no Direito no Século XXI,* Gen/Atlas, São Paulo, 2004, p. 74

eliminação de barreiras alfandegárias, seguiu-se o ingresso de produtos estrangeiros, dentre eles os chineses de preços baixos a dificultar a concorrência. Declaração pública do presidente da República, de grande repercussão, deu ênfase ao atraso da indústria brasileira de automóveis, que produzia "autênticas carroças", em contraste com a tecnologia adotada nos congêneres americanos, europeus e japoneses.

A mudança de orientação estimulou o aperfeiçoamento da fabricação local, com a simultânea ampliação de opções para o consumidor brasileiro. O vezo de turistas brasileiros em viagens ao exterior comprarem os mais diversos produtos de consumo e vestuário foi aos poucos se reduzindo. Comprava-se no exterior o que não se encontrava no país, fazendo construir a imagem negativa de consumista do turista brasileiro. Essa imagem foi aos pouco se alterando, com o aumento de ofertas e de acesso local de produtos estrangeiros agora disponíveis. Deixou de ser necessário viajar ao exterior para adquirir bens de consumo por aqui não encontrados.

No ano de 2025, ao assumir seu segundo mandato como presidente dos Estados Unidos, Donald J. Trump retomou a antiga política de substituição de importações, por meio de aumento de tarifas de importações para a maioria dos países exportadores. Seu propósito declarado é o de estimular a produção no país de produtos importados. É o ideário que inspirou a CEPAL nos anos 1960, a recomendar essa política aos países latino-americanos, de resultados negativos. Tratando-se de país com a maior economia no mundo, provocou tumulto internacional a contrariar tendência até então solidificada do multilateralismo e liberalismo econômico. A reação negativa contra as medidas tarifárias decorre do que se considera ser retrocesso de etapa já superada pelos novos tempos da economia multilateral e, sobretudo, pela ação das empresas privadas.

II. 3 – O fim da Guerra Fria e seus efeitos

Com o fim da Guerra Fria e do embate ideológico que a fomentou, todo o esforço dos países do Terceiro Mundo foi engolido pelos novos tempos da globalização da economia. Aquele movimento foi para a história, sem ter despertado mudanças de nota. Ao final, prevaleceu o sistema da economia de mercado, cujo protagonista maior foram e são as empresas privadas. São as responsáveis pelo processo de globalização da economia que se espalhou por todo o planeta. Dela fazem parte os países do antigo Terceiro Mundo, atualmente apodados de emergentes, e os da extinta União Soviética. Mesmo a China, com seu partido comunista a gerir a economia de mercado, como ela se classificou ao ingressar na Organização Mundial do Comércio, abriga empresas privadas que se tem destacado no cenário internacional.

Os tratados bilaterais de proteção de investimentos estrangeiros, inspirados no modelo da OCDE, se multiplicaram, contando-se cerca de 2.500 deles com a participação da maioria dos países. Dentre eles se incluem os então classificados como subdesenvolvidos e em desenvolvimento e os do Leste Europeu que integravam a zona de influência da antiga União Soviética. Sua extinção provocou o retorno para a esfera internacional dos países que outrora a integravam, como Ucrânia, Estônia, Lituânia, Letônia, Bielorrússia, Criméia (depois reincorporada à Rússia) e os que orbitavam em torno daquele país, como Albânia, Polônia, Hungria e Tchecoslováquia, desmembrada em República Tcheca, e República Eslováquia. Com a extinção da Iugoslávia, após sangrentos conflitos, dela emergiram seis países, Bósnia e Herzegovina, Croácia, Eslovênia, Macedônia, Montenegro e Sérvia, esta com duas províncias autônomas, Kosovo e Voivodina. O reingresso desses países como novos atores nas relações internacionais mudou a configuração da Ordem Mundial. Juntaram-se ao grupo dos Estados Novos emersos do sistema de tutela, antigas colônias africanas e asiáticas, do que resultou no aumento do número de países do globo para 193, em contraste com os 45 que firmaram a Carta da ONU, em 1945.

Só esse fato mostra a extraordinária mudança por que passou a Ordem Mundial depois da constituição da ONU e, após algum tempo, o término da Guerra Fria. O pequeno número de Estados de então ampliou-se em quase cinco vezes, trazendo para a órbita das relações econômicas internacionais comunidades antes delas excluídas e agora dotadas de voz nas organizações internacionais e de mercados internos a serem explorados.

Havia interesse mútuo das empresas privadas em ingressar naqueles novos mercados e destes em atraí-las como estratégia para o desenvolvimento econômico ansiado. O instrumental para dar eficácia a esse desiderato foi provido pela OCDE, com seu modelo de tratado de proteção dos investimentos estrangeiros, acima referido. A globalização da

Economia resultou desses novos fatores suportados pelo guarda-chuva do liberalismo econômico e da atuação da empresa privada. A pretensão de desenvolvimento autárquico, sem a participação de capitais e investimentos estrangeiros foi enterrada.

O Brasil, para destacar um dos países em desenvolvimento, desde 1962, assegurava a liberdade de investimentos estrangeiros e o retorno de capitais investidos no país. Era política que contrastava com a de outros países que então opunham obstáculos ao investimento estrangeiro, como Japão, México e os do Pacto Andino, dentre eles. Depois mudaram, mas naquele momento eram infensos aos investimentos estrangeiros, por vezes aceito sob condição de associação com empresas locais. O Brasil havia atraído a indústria automobilística, no governo Juscelino Kubitschek, em 1959, de que resultou o maior parque industrial automobilístico da América Latina. Em 1962, o país editara a lei 4.137, que assegurava o livre ingresso de capitais estrangeiros e sua repatriação, sem condições. Foi momento de abertura econômica logo alterado pelo regime militar instaurado em 1964 e terminado em 1988, com a Constituição que aprovou o que foi classificado como Estado Democrático de Direito. Aquele regime adotara a política de substituição de importações, como acima referido, como estratégia para impulsionar as empresas locais. Não deu certo.

A inflação galopante a acentuar a ruína da política econômica preferida, somente foi domada com a redemocratização do país, após o término do regime militar, no governo de Itamar Franco (1992-1995). As autoridades, aferradas ao nacionalismo de então, não haviam percebido a mudança do cenário internacional impulsionada pela ação das empresas multinacionais e o fortalecimento da tendencia da globalização da economia, a contrastar com nacionalismos autárquicos.

Novos ares haviam refrescado as mentalidades predominantes e provocaram modificações no cenário mundial com visão nova na condução dos povos e da Economia. As empresas também haviam mudado. Abandonaram a estratégia extrativista de exploração de mercados estrangeiros de matérias primas, como carvão, cobre, petróleo e de produtos agrícolas e passaram a dar atenção às peculiaridades e ao mercado consumidor local. A indústria automobilística passou a contar com fabricantes locais de peças e componentes para seus veículos, transformando-se em montadoras. O caráter multinacional que assumiram provocou flexibilização de objetivos e de atitudes. A exportação de lucros deixou de ser prioridade ao ser percebido ser mais conveniente investi-los no próprio país, ou em outros que não o da matriz, como forma de ampliar mercados e poder de influência. Foi uma das queixas do presidente Nixon, na década de 1970, sobre a falta de repatriamento de dividendos das empresas norte-americanas com investimentos estrangeiros,

A globalização foi resultado desse conjunto de fatores e da multidão de países que passou a partilhar e compartilhar as riquezas do planeta. O papel silencioso da empresa privada aumentou com sua infiltração nas relações negociais em todos esses países, com maior ou menor intensidade. A Internet veio a propiciar maior avanço, liderado pelas empresas exploradoras da tecnologia da informação, com seus satélites artificiais a lhes dar poder de comunicação inusitado. As redes sociais por elas organizadas aproximaram povos e despertaram rivalidades, com as empresas chinesas a se imiscuírem na arena a confrontar as empresas ocidentais. Seus diretores e executivos contam com formação profissional em suas universidades alinhadas dentre as melhores do mundo.

Dela faziam parte, inicialmente, professores ocidentais e chineses com formação em universidades norte-americanas e europeias, o que lhes influenciou na orientação das empresas que passaram a comandar. O centralizador Partido Comunista chinês teve de se render à evidência dos novos tempos inaugurados por Deng Xiaoping, em 1978, com a Reforma e Abertura por ele promovida de que resultou a transformação do país, afastando-o dos conceitos até então vigentes sob as ideias de Mao Tse Tung (Mao Zedong) e da Revolução Cultural, da qual ele foi uma das vítimas, ao ser compelido a se afastar e trabalhar no campo. Seus sucessores Jiang Zemin e Hu Jintao deram continuidade à sua política. Xiping, eleito secretário geral do Partido Comunista no final de 2012 e presidente desde março de 2013, com mandato renovado, segue os mesmos passos e a orientação de acatar empresas privadas, não obstante o poder centralizador do Partido Comunista. Ampliou a ação diplomática do país, tendo se destacado por suas viagens ao exterior e contribuído para a expansão das empresas chinesas na esfera internacional. Atualmente rivalizam com suas congêneres ocidentais em diversos setores, mesmo na área de informática e da tecnologia da informação.

Paralelamente ao desenvolvimento das empresas privadas na esfera internacional, registra-se a atividade estatal própria de sua vocação mais visível, a da ação militar. No período que antecedeu ao fim da Guerra Fria e logo depois, movimentos terroristas despertaram a atenção dos Estados por eles afetados, como o Reino Unido, com diversos ataques do IRA e de grupos islâmicos, a Espanha, com o movimento dos bascos e dos Estados Unidos, com o ataque a suas Torres Gêmeas e ao edifício do Pentágono, em 11 de setembro de 2011. A França não ficou de fora, ao sofrer ação terrorista, em 13 de novembro de 2015, em diversos lugares de Paris, do qual resultou 130 mortos e 352 feridos. No ano seguinte, 2016, outra investida em Nice matou 86 pessoas e 458 feridos. Da mesma forma, a Rússia não escapou de atos de terrorismo perpetrado pelo Estado Islâmico, do qual resultou a morte de 19 pessoas e 25 feridos. O grupo Al Qaeda notabilizou-se na ação até seu líder, Osama Bin Laden, ser morto durante o mandato do presidente norte-americano Barak Obama.

Foram ações bélicas típicas de Estados de caráter defensivo. Contudo, outras de cunho ofensivo não cessaram, como as invasões do Afeganistão pela Rússia (1979-1989); posteriormente, pelos Estados Unidos (2001-2021), e, em seguida do Iraque (20 de março de 2003 – 1º de maio do mesmo ano), sem mencionar a guerra do Golfo provocada pela invasão do Kwait pelo Iraque, em 1990. No plano interno o uso da força contra manifestações da população em diversos países faz parte da vezo estatal da ação violenta.

As empresas privadas delas não participaram, salvo as empresas militares e, indiretamente, as fabricantes de armamentos fornecedoras de artefatos de uso bélico amplamente utilizado. O seu mercado e o sucesso da sua atividade repousam no palco da guerra, no consumo intenso de munição, seja lá para que fim for, Duas vocações incompatíveis, a guerreira estatal e a pacífica e persuasiva da empresa privada, salvo, como exceção, a indústria de armamento bélico, a lucrar com guerras, estipendiadas pelos Estados.

II.4 - O desenvolvimento econômico, uma aspiração social

Como referido em capítulos anteriores, foco na Economia, como fator de desenvolvimento social, prevaleceu sobre considerações de ordem religiosa. O sucesso da nova tendência pode derivar da ausência de temor religioso de julgamentos depois da morte por condutas inadequadas, um dos postulados a sustentar o poder dos sacerdotes e da religião em geral. Ser pobre não é pecado, nem crime a ser punido depois da morte. Ao contrário, pode ter efeitos positivos para os crentes na vida eterna e de julgamentos por deuses e afastar o espectro do inferno para os infratores da fé religiosa. Até porque, como diz com ironia Guerra Junqueiro, no inferno "há sobra de infiéis, mas falta lenha. Já nem é forno aquilo, é adega sombria.....hoje o inferno....é de temer por causa das bronquites"[4]

A ótica econômica não é de ordem espiritual, mas da exaltação do trabalho e do sucesso material, com a luta constante contra a miséria e a fome de populações carentes. Não são elas punidas por infrações espirituais, mas por falta de recursos materiais e tecnológicos. A religião nada tem a ver com isso. As campanhas para arrecadação de recursos promovidas pela ONG Médicos Sem Fronteiras, ou da UNICEFF e outras, estimulam doadores a participarem de ação humanitária em prol de populações carentes, sem invocações religiosas. É a ação da Sociedade Civil.

No século XX, como acima salientado, dois sistemas econômicos provocaram discórdia entre as potências líderes de então: o da economia planificada, adotado pela antiga União Soviética, matriz do comunismo, e o capitalismo liberal pelos países ocidentais. fundado nas ideias de Adam Smith, fonte de inspiração da Sociedade Civil e da economia de mercado. A religião esteve fora do foco de ambos, mesmo dos países do então denominado Terceiro Mundo, caracterizado pelo insuficiente desenvolvimento econômico dos que o integravam. As tensões provocadas pela Guerra Fria decorriam de aspirações de ampliação de poder político, econômico e militar, não religioso.

Isso não significa, contudo, tenha se reduzido o poder dos sacerdotes no âmbito interno dos Estados. Ao contrário, é ainda expressivo e difuso em todas as populações, embora sem o fanatismo de outrora. Candidatos a postos eletivos procuram divulgar suas crenças religiosas para angariar votos de devotos e para influenciar na criação de normas favoráveis ao crentes da mesma fé. O púlpito ainda é o grande instrumento de persuasão para convencer eleitores e demonizar adversários,

4 ABILIO MANUEL GUERRA JUNQUEIRO, "Ao Núncio Masella", in *A Velhice do Padre Eterno,* e-book, Editora Livraria Minerva, Lisboa, 2007

nem sempre a restrito a frequentadores de cultos religiosos. Exemplo claro da força do púlpito é fornecida, em janeiro de 2025, pela bispa Mariann Edgar Budde prelada americana da Igreja Episcopal, em sermão proferido na presença do presidente Donald Trump, logo após tomar posse em seu segundo mandato como presidente dos Estados Unidos, com sua política contra imigrantes ilegais no país. Suas palavras de exortação à compaixão com famílias de imigrantes por sua contribuição para a sociedade foram divulgadas pelas redes sociais, alcançando grande público no mundo, com reproduções de simpatizantes. A imagem de desconforto do presidente e de seu entorno com o sermão admoestador e a recusa da bispa em se desculpar, como por ele exigido, teve idêntica repercussão.

As tentativas de legalização do aborto em diversos países é outra matéria sensível que envolve fé religiosa e discussões sobre o momento em que a surge a vida, se na concepção, ou no nascimento com vida. O tema extravasa a esfera jurídica da liberdade e dos direitos da mulher e invade a crença na divindade a impedir exame sereno despido de convicções religiosas. Na França, em 2024, a modificação da Constituição permitiu o aborto, pondo fim à celeuma sobre o tema naquele país. No Brasil é matéria ainda em discussão em favor da legalização do aborto incondicional. Atualmente, é permitido apenas em casos de estupro, quando representa risco à vida da mulher e de anencefalia. A ação de grupos religiosos tem sido inoperante, diante da pressão social para ampliar o ato, em prol dos direitos da mulher de dispor de seu próprio corpo.

Não obstante, a força política da religião antes expressiva, atualmente, cedeu passo para programas de desenvolvimento econômico, ou de acolhimento de pretensões sociais de outra ordem. No plano individual, a exaltação do sucesso econômico prevalece. As listas de pessoas mais ricas do mundo são demonstração de prestígio pelo sucesso econômico, e prepondera sobre quaisquer outros. Não há estímulo a jovens a ingressar em carreiras eclesiásticas, como no passado, e sim as que ensejam bom desempenho profissional a possibilitar maiores benefícios econômicos e sociais. Mesmo as artes, em suas diversas manifestações, têm tido conteúdo econômico, com artistas em busca de maior público e, paralelamente, maiores ganhos financeiros. A arte sacra dos tempos medievais, a refletir mentalidade de época desaparecida, dá ideia da influência então exacerbada. da religião. O interesse por temas religiosos foi se alterando ao longo dos séculos e desapareceu. Os músicos, pintores e escultores do classicismo e do romantismo e os que os sucederam já haviam ignorado o tema. A religião deixou de despertar interesse da população em geral, pelo menos sem a atenção antes a ela devotada.

Nas famílias aristocráticas da Idade Média e Renascença, o filho mais velho herdava o título e os bens, o segundo era destinado à Igreja e, em certos casos, dependendo das ligações familiares, nomeado cardeal, e o terceiro (*cadet*) ao serviço militar. Na hierarquia familiar, portanto, a posição sacerdotal estava abaixo apenas da hereditariedade do título e acima da militar. Os denominados cardeais-sobrinhos, nomeados pelo Papa dentre seus parentes ou apaniguados políticos, prática de durou séculos, detinham poder e auferiam rendimentos expressivos pelo cargo ocupado. Não herdavam o título aristocrático, conferido ao irmão mais velho, mas eram dotados do poder sacerdotal em tempos de supremacia da Igreja. Dentre os que foram agraciados precocemente com a posição de cardeal pode-se lembrar de Ranuccio Farnese, nomeado cardeal aos 15 anos de idade pelo Papa Paulo III, nascido Alessandro Farnese. O seu papado foi exercido de 1468 a 1549. Antes, outro cardeal, Rodrigo Borgia, espanhol agraciado com o título de cardeal aos 25 anos de idade. Tornou-se Papa com o nome de Alexandre VI, em 1492.

II.5- Do homem religioso ao homem da empresa

Os novos tempos foram impondo, paulatinamente, costumes diversos que acabaram por extinguir privilégios e hábitos e deram supremacia a outros, com valores e princípios, divorciados de credos religiosos específicos. Desde os séculos XVIII e XIX, com a Revolução Industrial na Inglaterra, sob influência do Iluminismo do século XVIII e da Revolução Francesa, iniciou-se novo ciclo a perdurar no século XXI.

Um dos efeitos mais notáveis foi o término da escravidão a que eram submetidos os povos vencidos em guerras, costume milenar até então vigente na esfera internacional. O regime da servidão, como praticado no passado, com a figura do servo da gleba, foi alterado e atenuado, adaptado aos novos tempos. A parceria agrícola regulada no Direito brasileiro no Estatuto da Terra (Lei Nº 4.504, de 30 de novembro

1964), pode ser considerado resquício daquele regime ao regular o contrato de trabalho agrícola em terras do proprietário, que é remunerado com percentual da safra colhida nos limites estabelecidos na lei (art. 96). A servidão era admitida desde tempos antigos na Grécia e Roma e no Antigo Testamento. Em Exodus. 20.10 e 20.17, dos 10 Mandamentos de Deus, há referência expressa a servos e servas, condição reconhecida no texto sagrado.

O novo ideário do Iluminismo, com seus postulados contra privilégios e aspiração de igualdade social e oposição à monarquia absoluta, deu ênfase ao desenvolvimento de valores sociais e da Economia. Seu fundamento ideológico encontrou suporte nas ideias de Adam Smith, com seu A Riqueza das Nações.

Outro fator de mudança foi a invenção do telégrafo por Samuel Morse, em meados do século XIX. Foi inovação que criou condições para o desenvolvimento do comércio, ao permitir comunicações à distância e, assim, ampliar transações comerciais, sem deslocamento físico de pessoas. O foco da atividade humana, até então centrado na Religião e nos negócios locais, ou de Estado, passou, imperceptível e paulatinamente, para as empresas, com os empregos propiciados, até se expandir no século XX, com o caráter multinacional que adquiriram. Os meios de comunicação à distância se expandiram com o telefone, transporte aéreo, marítimo e terrestre até alcançar o estágio atual do uso amplo dos computadores e suas ligações com satélites artificiais a ancorar a Internet e suas múltiplas ações.

As empresas transformaram-se, a partir da segunda metade do século XX, em complexos multinacionais disseminados em grande parte do mundo, englobando número expressivo de atividades industriais, comerciais e de prestação de serviços. Tornaram-se instituições, algumas centenárias, constituídas em meados do século XIX, espalhadas por diversos países. Contam, na sua estrutura, com trabalhadores que com ela se identificam e com as quais formam vínculos estreitos, por vezes maiores do que com seus países, dos quais se afastam, por longos períodos, em virtude da mobilidade do local de prestação de serviços. Essa vinculação com os destinos e imagem da empresa leva-os a se tornarem "homem da empresa", o *corporation man* a que se refere Anthony Jay, em estudo sobre o tema[5], Suas aspirações sociais e familiares

5 ANTHONY JAY, *The corporation man,* Pocket Books, Março, 1973

estão ligadas à empresa na qual tem possibilidade de se alçar a posições de poder maiores do que em seu país. Nela podem ser promovidos a cargos de chefia e de direção, participar de conselhos, interferir na política de produção, enfim, ter identidade própria reconhecida ao longo do tempo.

Atuam com frequência fora de seus países, levando junto sua família a paragens distantes, com educação dos filhos em escolas internacionais, tais como a dos filhos de diplomatas. Sua crença religiosa privada, não interfere com suas atividades profissionais, nem com suas qualificações pessoais. Deixa de ser diferencial no conjunto de atributos que deve possuir.

No passado mais distante a atividade empresarial era incipiente e delimitada às corporações de ofício ou de expressão apenas local. O Estado e a Igreja predominavam no cenário nacional e internacional. No século XX a atuação das empresas privadas ampliou-se e alcançou todos os rincões do planeta, possibilitando nova alternativa de ocupação para o homem comum, sem ligação com o Estado e com a Igreja. O pequeno negócio persiste nas localidades menores, suportado pela contribuição dos grandes provedores, a lhe distribuir produtos e tecnologia, por meio da Internet. A distância das grandes metrópoles deixou de ser obstáculo ao acesso de matérias primas e de produtos de consumo local.

A atuação dessas empresas levou-as a interferir na ordem internacional, transformando-as em feudos à semelhança das que pululavam na Idade Média e Renascença, com feição nova. Os antigos reinados, principados, ducados e outros feudos, dotados de poder político e militar, com seus castelos a lhes proteger de investidas inimigas, renasceram com feição distinta, não mais fundada no poder político e militar, mas na capilaridade de suas atividades planetárias e na tecnologia da informação. O aparecimento dos computadores ampliou o novo modelo de comunicações à distância. Os satélites artificiais, a infestar o espaço extraterrestre, foram fator a lhes permitir o acesso a grande número de países, por meios virtuais, a despeito de fronteiras físicas que ainda dividem os Estados. O desenvolvimento da Inteligência Artificial, em franco progresso, fruto dessa ação, é outra novidade a gerar preocupações gerais sobre os efeitos da nova tecnologia[6] Atuam com desenvol-

6 Sobre o tema, JOSÉ CARLOS DE MAGALHÃES, *O Direito Internacional Contemporâneo e suas Repercussões no Direito Interno*, Almeidina, São Paulo, 2023, p. 301 e seguintes.

tura e exercitam poder privado sobre autoridades governamentais, que podem ser excluídas de suas plataformas, por decisão unilateral.

Esse novo cenário põe a religião de lado. O ser humano diante das informações amplas de que passa a dispor, tende a se convencer da supremacia da técnica a domar a natureza, prescindindo da proteção divina própria da religião. Vez ou outra, contudo, é abalado com a ocorrência de catástrofes climáticas a gerar preocupação com a sobrevivência da Humanidade e o futuro do planeta. Inundações e deslizamentos de morros, em diversos países, incêndios florestais a atingir áreas urbanas, como na Califórnia no inverno de 2024, terremotos, maremotos, irrupção de vulcões adormecidos e outros incidentes naturais têm produzido o efeito de neutralizar a sensação de imunidade e provocar a invocação da divindade por proteção pelas populações atingidas.

O foco nas emissões de carbono a produzir o efeito estufa, com alterações significativas na atmosfera, levou à adoção de medidas internacionais concretas como a do Protocolo de Quioto, um tratado firmado em 1997. Os 192 países que o subscreveram assumiram compromissos para a redução da emissão dos gases que produzem o efeito estufa. Outro instrumento internacional relevante é o Protocolo de Montreal que visa a proteger a camada de Ozônio, com a eliminação da produção e consumo das substâncias responsáveis por sua destruição. O Brasil é um dos países signatários, tendo-o ratificado em 02/09/2022, a exemplo do que fizera com o Protocolo de Montreal, de 16/09/1987, para regular a redução de substâncias destruidoras da camada de ozônio. A assinatura de tais instrumentos revela a grande preocupação da maioria dos países com o meio ambiente, a exigir políticas públicas para prevenir catástrofes climáticas, como as que ocorreram no ano de 2024 no Brasil, Europa e Estados Unidos.

A esse quadro, se associam as guerras localizadas e cruentas a persistirem em pleno século XXI, com ondas de migrações de povos atingidos pelo conflito. São adversidades a manter acesa a fé religiosa, a despeito da impressão de domínio da natureza.

II.6 – O novo feudalismo[7*]

Além dos efeitos destacados do aparecimento do homem da em-

7 * Versão anterior deste capítulo foi publicada em artigo em homenagem ao Professor Dr. Modesto Carvalhosa, in Novas Perspectivas do Direito Empresarial, Volume II, Fernando Kuyven (coord.), São Paulo: Quartier Latin, 2023, pp. 131 e s.

presa a subjugar o homem religioso, há outros que não podem passar despercebidos. Sobretudo, diante da globalização da economia de que as empresas privadas com atividades no exterior foram os principais artífices e propulsores, com suas atividades multinacionais e a configuração de complexos empresariais que assumiram.

Essa análise deve levar em conta o pêndulo da História, a registrar as oscilações da dinâmica social e seus reflexos na atividade empresarial. Os ciclos históricos mostram hábitos, conceitos, costumes e princípios que surgem, florescem e terminam com o nascimento de outro. Por vezes perduram por séculos, com o retorno similar ao que antecedeu ao terminado. O momento histórico em que se encontra o mundo atual revela o enfraquecimento do sistema estatal, inaugurado com a eliminação do feudal da Idade Média, e seu retorno modificado por diversos fatores ora examinados.

Os Estados foram criados no século XVII, em consequência do tumulto generalizado na Europa, causado por rivalidades, conflitos e guerras entre os diversos reinos, principados, ducados, conhecidos impropriamente como "cidades-estados", por se tratar de entidades com governo próprio. Dotados de força armada e com recursos financeiros próprios, providos pela terra cultivada por servos, enfrentavam-se com ou sem o apoio do Papa, então com grande influência e poder religioso, político e militar. Na Itália, contavam com mercenários, os *condottieri*, a lhes proteger ou a lhes auxiliar em suas investidas bélicas.

A Paz de Vestfália, como ficaram conhecidos os tratados de Münster e Osnabruque, celebrados em 1.648. pôs fim à guerra dos 30 anos eclodida por motivos religiosos. Foi confronto de "cidades-estados" da Alemanha sob domínio de católicos com as encabeçadas por protestantes. Eram os restos que sobravam do Sacro Império Romano-Germânico, encimado pelo Imperador e suas relações com o Papa. Esses acordos, ao darem fim ao demorado conflito, inauguraram a nova era nas relações internacionais.

Não foi acontecimento improvisado ou imprevisto. A doutrina político-jurídica já havia vislumbrado normas jurídicas a regular as relações entre tais entidades. A matéria já fora objeto de trabalhos doutrinários de Alberico Gentili (*O Direito de Guerra,* de 1.585*),* Hugo Grócio (O Direito da Guerra e da Paz, 1.625), Francisco de Vitória (*Sobre os Índios* e *Os Índios e o Direito da Guerra*, 1.532), Francisco Suarez (*De Le-*

gibus, 1.585). John Selden (*Mare Clausum*, 1.635) e de outros. O foco na guerra e no mar justificava-se pelos constantes conflitos armados a requerer regramentos, tal como a exploração dos espaços marítimos e do Novo Mundo, quando recém-descoberto. Fonte de desavenças das potências de então, Espanha, França, Holanda e Inglaterra, requeria apreciação por juristas a lhes aprovar aspirações. Grócio saiu em defesa dos interesses da Holanda, com sua tese de liberdade dos mares, *mare liberum*. John Selden, a ele se contrapunha, ao advogar como norma de Direito o mar fechado (*mare clausum*), como pretendiam a Inglaterra, Espanha e Portugal, para proteger suas costas marítimas. Teses da fase em que se formava o Direito Internacional, em função de interesses específicos de Estados então predominantes, no espaço marítimo. Prevaleceu o entendimento conciliatório, do *mare liberum*, a liberdade dos mares, temperado com o *mare clausum*, a assegurar o monopólio do Estado na sua faixa costeira na largura do tiro de canhão, com o apoio da generalidade dos Estados.

Era o século XVI, em que as chamadas cidades-estados eram os principais protagonistas da ordem internacional de então. A guerra era tema de preocupação geral. A Religião provia o pano de fundo e o pretexto para invasões e pilhagens, como as empreendidas pelos Templários, desde o século XII, em 1.118, e extintos apenas no século XIV. A rivalidade entre católicos e protestantes, surgida com a publicação das 95 teses de Martinho Lutero, em 1.517, deu aso a movimentos armados e a guerras entre aquelas comunidades, sob a mesma matriz religiosa. Foi época de reinados, principados, ducados, condados, marquesados, baronatos, sob poder de nobres agraciados com extensos territórios por Imperadores romanos e reis e seus sucessores.

O Papa, no ápice do poder da Igreja, exercia poder religioso, largamente utilizado para legitimar títulos nobiliárquicos e investidura de autoridades locais. A ansiedade da benção papal não se limitava a reconhecer investidura do monarca, mas conferir-lhe caráter religioso, com autoridade derivada de deus. Ilustra-o as longas tratativas e episódios que precederam à homologação pelo Papa Alexandre III do título de rei de Portugal a Afonso Henriques, em 1179, com bula *Manifesto Probatio*,[8] a lhe reconhecer a hereditariedade da condição real de que já

8 STEPHEN LAU, *Assim Nasceu Portugal – Os Reis da Reconquista Portuguesa*, Texto Editora, 2011, Alfragide, Portugal, p. 247

dispunha. Faltava-lhe, todavia, a benção papal para assegurar o caráter divino de sua autoridade sobre o território. Sem o reconhecimento do Papa, o título de rei era despido de legitimidade, conferido apenas pelo chefe da Igreja Católica.

O grande espaço sob administração central do Império, provindo dos tempos da Roma Imperial, perdurara por séculos com a organização das sociedades sob o comando central do Imperador. Continuou até os tempos de Carlos Magno, no século IX, quando o sistema se exauriu. Notou-o Chateaubriand ao constatar que o império fundado por Carlos Magno se dissolvera. Os condes e viscondes se apropriaram de castelos, aldeias e províncias que haviam recebido e substituíram a escravidão pela servidão, com o servo da gleba.[9] Criaram feudos dotados de poder político e militar que perdurou até o século XVII, terminado com o que deu início ao sistema estatal da Paz de Vestfália.

Os castelos erigidos em montes de difícil acesso, com visão para espaços largos, a servirem, atualmente, de atração turística, destinavam-se a proteger senhores feudais de invasões ou agressões de inimigos e rivais. Seus donos, senhores de terras e de servos a nela trabalharem, fortaleciam-se com armas e cavaleiros treinados para a arte marcial. Possuíam força militar própria ou contratada, por vezes em condição de enfrentar forças do Imperador ou do Papa.

Esse o quadro em que se encontrava a Europa no século XVII, fragmentada em multiplicidade de cidades-estados, feudos com poderes locais definidos. A deterioração do sistema pelas guerras e rivalidades religiosas deu nascimento à nova configuração da ordem internacional, com a formação dos Estados nacionais, englobando aquelas entidades. Alguns já tinham alcançado unidade nacional, como a Inglaterra, França e Espanha, não obstantes rebeliões frequentes no século XVI. Outros, como Itália e Alemanha somente conseguiram a unificação como país no século XIX.

Dotados de soberania, não estavam subordinados ao poder do Imperador, ou ao do Papa, cuja influência declinou, após a perda do poder militar e do cisma provocado por Martin Lutero, acentuado por Calvino. Todavia, o Papa continuou o seu mister na investidura de monarcas com poder divino, até a Revolução Francesa. Após breve in-

9 CHATEAUBRIAND, François-René, *Études Historiques*, in J. J. E. ROY, *Histoire Singulière de la Chevalerie*, Jean de Bonnot, Paris, 1993, p. 4.

tervalo, Napoleão reinstituiu a noção da divindade da função, ao se proclamar Imperador, com sua entronização pelo Papa. Embora tenha retirado a coroa das mãos do Papa para se coroar a si mesmo, não havia dispensado o prelado para o ato, com o reconhecimento implícito da necessidade do beneplácito religioso. Após breves intervalos republicanos, o reinado voltou na França. Napoleão III, após presidir a 2ª República, tendo sido derrotado na eleição ao final de seu mandato, instaurou novo Império em 1852. É a força da tradição a resistir mudanças revolucionárias.

A noção da soberania dos Estados foi mantida e perdurou até o século XX. As duas Guerras Mundiais marcaram o declínio desse ciclo. Ao longo desse período, os Estados demonstraram incapacidade de manter a paz e a segurança internacionais, com as constantes guerras em que se envolveram. Ao final da II Guerra Mundial, outra etapa se iniciou com a formação de organizações internacionais a lhes retirar a característica fundamental da propalada soberania. Passaram os Estados a se submeter às normas internacionais editadas pela multiplicidade de organizações internacionais de diversas finalidades e de setores distintos. Finanças (FMI), saúde (OMS), comércio (OMC), propriedade intelectual (OMPI), transporte internacional (OIAC), comunicações (UPI) são algumas das atividades em que o poder dos Estados ficou condicionado às normas elaboradas por organizações internacionais, das quais participam. O indivíduo, até então sujeito apenas ao seu Estado, emergiu para a cena internacional, com capacidade ativa e passiva para agir na ordem internacional.

Foi longo processo irreversível em direção à constitucionalização da Ordem Mundial e à instrumentalização da Humanidade com poderes efetivos para regular relações internacionais e conter comportamentos nocivos a afetar o ser humano. O Tribunal de Nuremberg, instituído após a II Guerra Mundial, foi o primeiro a definir a responsabilidade do indivíduo na esfera internacional. Retirou a jurisdição doméstica dos Estados transferindo-a para a internacional em função dos delitos cometidos por autoridades públicas da Alemanha. Depois de longo intervalo, outras autoridades públicas voltaram a ser processadas e punidas, desta vez pelos Tribunais Penais instituídos pelo Conselho de Segurança da ONU para apurar crimes de genocídio praticados na ex-Iugoslávia (25 de Maio de 1993) e em Ruanda (8 de novembro de

1994). A identificação das autoridades responsáveis pelos delitos foi tarefa dos tribunais internacionais e não dos Estados.

A instalação do Tribunal Penal Internacional coroou esse longo processo com a ratificação do Tratado de Roma que o institui em 1 de julho de 2002, quando passou a vigorar. Seu estatuto definiu tipos penais de caráter internacional, como os crimes de guerra, genocídio, crimes de agressão e crimes contra a Humanidade. Sua jurisdição abrange indivíduos e não Estados, mesmos os que não firmaram a Convenção que o aprovou.

A condenação do presidente da Rússia, Vladimir Putin e do primeiro-ministro de Israel, Benjamin Netanyahu, do ministro da Defesa Yoav Gallant e do chefe militar do grupo Hamas, Mohammed Deif, com a ordem de prisão contra eles emitidas em 2024, por aquele Tribunal se enquadram nessa competência. O fato de os países sob seus governos não terem ratificado o tratado que o instituiu é irrelevante, pois a jurisdição do tribunal recai sobre as pessoas responsáveis por atos delituosos e não sobre países.

Um pouco de história recente pode mostrar como evoluiu o Direito Internacional na apreciação da responsabilidade por delitos. Na Primeira Guerra Mundial, o país que a provocou, a Alemanha, foi punido com o pagamento de indenização pelos prejuízos causados aos vencedores. Era a aplicação do Direito Internacional clássico. A responsabilidade era do Estado alemão. Na Segunda Guerra, a nova realidade impôs a superação da norma antiga. Foram as pessoas as responsáveis, processadas e punidas. No primeiro caso, o povo alemão suportou as consequências por meio do Estado. No segundo, poupou-se o povo e identificou-se os verdadeiros responsáveis na condução dos atos ilícitos. É o conceito que prevalece em tempos atuais. A autoridade estatal deixou de gozar da prerrogativa da imunidade da função e foi alçada à esfera internacional.

A efetividade da decisão do Tribunal Penal Internacional poderá depender da disposição de cumpri-la de algum país que as autoridades punidas venham a visitar. Seus efeitos, a despeito disso, já se produziram, como notado na ausência do presidente da Rússia na reunião do Grupo dos 20, realizada no Rio de Janeiro, em novembro de 2024. A impunidade poderá não obscurecer a repercussão ética da condenação a manchar a reputação daqueles políticos, com os efeitos internos inevitáveis.

É a Humanidade a se instrumentalizar para a defesa do ser humano, em detrimento da ação de parcelas em que se divide, como os Estados, facções religiosas, grupos étnicos. Passam a prevalecer princípios e valores observados pelo conjunto e não os particulares de cada fração que a integra. A marcha do processo de constitucionalização da Ordem Mundial, procura dotar a Humanidade de instrumentos jurídicos para dar efetividade a normas e princípios de alcance universal. Para esse efeito foram instituídos três tribunais judiciários internacionais: a Corte Internacional de Justiça e o Tribunal do Mar, ambos com jurisdição sobre Estados e o Tribunal Penal Internacional, este com jurisdição ampla sobre indivíduos e consequente redução da soberania estatal. A esse conjunto de tribunais se acresce a Corte Europeia de Direitos Humanos, a Corte Interamericana de Direitos Humanos e a Corte Africana de Direitos Humanos e dos Povos,[10] a abrigar direitos de indivíduos violados por Estados.

A jurisdição internacional do Tribunal Penal Internacional abrange crimes contra a Humanidade, genocídio, crimes de guerra e de agressão, passiveis de serem praticados pessoas. Foi o caso de processo promovido contra militares norte-americanos participes de empresas militares privadas por suas ações no Afeganistão, gerando protestos de autoridades daquele país e até sanção pelo contra a procuradora encarregada do caso[11]. É precedente a indicar a firmeza com que aquele tribunal examina atos ilícitos internacionais, sejam praticados por autoridades ou não.

A desenvoltura com que tem atuado as grandes empresas de tecnologia da informação, com atuação internacional por vezes não alcançáveis pela jurisdição dos Estados afetados por atos ilegais, pode sujeitar seus controladores e administradores à jurisdição daquele Tribunal. A desinformação ou informação falsa a afetar populações pode caracterizar crime contra a Humanidade, crime de guerra ou de agressão, a depender das circunstâncias em que ocorram. É mecanismo a ser cogitado para impor limites à ação de feudos poderosos em convivência ou não com Estados, por vezes incapazes de os submeter a sua jurisdição, mesmo extraterritorial.

---

10 Sobre a Corte Africana de Direitos Humanos e dos Povos, vide ANDRÉ DE CARVALHO RAMOS, *Processo Internacional de Direitos Humanos*, Saraiva, São Paulo, 4ª edição, 1969, p.291 e ss.

11 JOSÉ CARLOS DE MAGALHÃES, *Direito Internacional Contemporâneo e suas repercussões no direito interno*, Almedina, São Paulo, p. 174 e seguintes.

II.7 - O desuso da proteção diplomática e o contrato

Como já dito em capítulos anteriores um dos efeitos da Segunda Guerra Mundial foi a expansão das empresas privadas na esfera externa. Do âmbito restrito de seus países, sua atuação evoluiu para o mercado internacional, por meio de exportações e investimentos. Inicialmente contavam com proteção dos Estados de origem em defesa de seus interesses contrariados por países de menor expressão política e militar.

A proteção diplomática era o instrumento de Direito Internacional a que recorriam sempre que seus direitos ou interesses fossem contrariados ou violados pelo país hospedeiro. Fonte de abusos, sobretudo os cometidos contra países latino-americanos no século XIX, então recém saídos do sistema colonial, o seu uso provocou a formulação da conhecida Doutrina Calvo, a pregar a igualdade de tratamento entre as empresas nacionais e estrangeiras, impedindo-as de se valerem daquela proteção, então em grande voga. Essa Doutrina nunca foi aceita pelos países exportadores de capital, aferrados no emprego do mecanismo clássico da proteção diplomática de seus nacionais no exterior. Antes a Doutrina Drago/Porter, aprovada pela Conferência de Haia de 1907, já proibira os Estados de empregar a força para a cobrança de dívidas privadas. Foi reflexo da intervenção armada de países europeus na Venezuela, para a cobrança de dívidas contraídas com banqueiros, cujo valor foi reduzido, posteriormente, em processo arbitral.

Os abusos cometidos por investidores, todavia, provocaram reações dos países de origem, ao reconhecerem ações ilegais de seus nacionais, deixando de dar-lhes o antigo amparo protetor incondicional. Foi o início do desuso do sistema, que se aprofundou com o desinteresse das próprias empresas em dele se utilizarem. Outro fator a desestimular aquele recurso foi o de os benefícios auferidos pelo Estado interventor, ao agir em nome próprio, nem sempre eram transferidos aos titulares do direito violado, que se sentiam logradas pela ação estatal. [12]

São fatores que contribuíram para o desinteresse da medida, da qual não se tem mais notícia. O último caso a chamar a atenção foi o da empresa canadense Barcelona Traction, sob controle de acionistas belgas, com investimentos na Espanha. Sua falência foi decretada por decisão judicial tida como violadora da lei espanhola. A Bélgica ingressou com

12 Sobre o tema, vide JOSÉ CARLOS DE MAGALHÃES, *Direito Econômico Internacional*, Juruá, Curitiba, 2ª edição, p. 130-149.

ação na Corte Internacional de Justiça contra a Espanha, em 1970. A pretensão foi rejeitada por falta de legitimidade ativa da Bélgica, uma vez que a empresa tinha sede no Canadá.

A proteção diplomática deixou de ser utilizada. Foi substituída pelo contrato a regular relações entre investidores e Estados estrangeiros e pela arbitragem privada, a solucionar controvérsias fora da estrutura estatal. Ao assumirem conformação multinacional integradas em complexos empresariais a englobar atividades das mais diversas, em diferentes países, essas empresas adquiriram estatura de personalidades internacionais. O foco internacional de suas ações extravasou o território dos Estados, incapazes de exercer controle sobre elas, limitados à jurisdição territorial de que são investidos. O contrato passou a dar resguardo para as relações do comércio e de investimentos internacionais. A autonomia da vontade no contrato prevaleceu a se impor a regramentos estatais sobre relações negociais. A arbitragem internacional floresceu como meio privado de solução de controvérsias, fora da estrutura estatal, fundada no contrato. Desde a década de 1950, registram-se arbitragens envolvendo empresas privadas e Estados estrangeiros, parte das quais decorrentes de expropriações de empresas petrolíferas. É um dos aspectos da emergência da Sociedade Civil, por meio da empresa, para o cenário internacional.

Esse desenvolvimento foi um dos efeitos da II Guerra Mundial. O fechamento das economias nacionais, como medida emergencial para superar dificuldades econômicas dela decorrentes estimulou empresas estrangeiras a instalarem subsidiárias e afiliadas nesses países. Foi estratégia para assegurar a continuidade de seus negócios e a expansão de suas atividades. Deu início à criação da denominada empresa multinacional, como entidade econômica com atuação em diversos países. A sua ampliação gerou preocupações sobre o poder que alcançaram, tendo provocado a emissão de códigos de conduta, como forma de exercer algum controle sobre suas atividades[13]. Nesse quadro se incluem as Diretrizes da OCDE para as Empresas Multinacionais, dentre outros atos destinados a exercer alguma influência sobre tais entidades. Segundo Nota da OCDE,

---

13 A extensa literatura produzida nos anos 1970 demostra o interesse despertado pela nova estratégia empresarial. Sobre o tema, vide JOSÉ CARLOS DE MAGALHÃES, *Direito Econômico Internacional*, JURUÁ, Curitiba, 2ª edição, 1996.

> "Em 4 de maio de 2010, os governos dos 42 países membros e não membros da OCDE aderentes à Declaração da OCDE sobre Investimento Internacional e Empresas Multinacionais e de Decisão relacionada, começaram a trabalhar na atualização das Diretrizes, de forma a refletir as mudanças no cenário do investimento internacional e das empresas multinacionais desde a última revisão em 2000. As mudanças acordadas objetivam garantir o papel contínuo das Diretrizes como principal instrumento internacional para a promoção da conduta empresarial responsável." [14]

O almejado controle internacional da empresa privada é a constatação da incapacidade de cada Estado de fiscalizar e regular suas ações, diante do caráter transnacional que assumiram. Nesse mister, os grandes conglomerados multinacionais, tornaram-se instituições, algumas centenárias[15], com estrutura administrativa similar a dos Estados. Integram a Sociedade Civil responsáveis pela produção e distribuição de bens de toda ordem, a prestação de serviços e o desenvolvimento tecnológico. Nesse mister realizam pesquisas para a criação e o aprimoramento de produtos e técnicas das mais diversas, desde administração e meios de transporte, até medicamentos, vacinas, produtos alimentícios e comunicações. Esse papel lhes permite exercer poder paralelo ao dos Estados, que se tornarem dependentes da tecnologia por ela criada e dos produtos por ela oferecidos. A submissão é não só tecnológica, mas também normativa com o acolhimento de princípios aos quais as autoridades que representam o Estado são compelidas a aceitar. Durante a pandemia do COVID-19, em 2019, a dependência dos Estados do fornecimento de vacinas produzidas por laboratórios privados se tornou emblemática.

As decisões de dirigentes empresariais afetam grande número de pessoas, dentro e fora da estrutura da empresa, com reflexos em toda a Sociedade Civil e o próprio Estado. Detém o poder de abrir e fechar subsidiárias, de definir a localização das instalações fabris, de estabelecer políticas de emprego, o tipo e modelo de produtos a serem fabricados e locais de sua distribuição. São decisões de efeitos políticos e sociais a

14 As Diretrizes atualizadas e a respectiva Decisão foram aprovadas pelos 42 governos aderentes em 25 de maio de 2011 durante a Reunião Ministerial do 50º Aniversário da OCDE."

15 Há grande número de empresas com mais de cem anos de fundação, como Procter & Gamble (1837); Siemens (1847); Phillips Morris (1847); Nestlé (1866); Fiat (1899); Ford (1903); General Motors (1908); General Electric (1902); Shell (1907); Electrolux (1919), dentre outras.

que os Estados são incapazes de controlar. Editam códigos de conduta com normas de comportamento a serem observados não apenas pelos integrantes de sua estrutura interna, mas também terceiros, contratantes, fornecedores, investidores, enfim, o universo dos que gravitam em torno dela e dela dependem ou por ela são influenciados. Até consumidores são afetados, por meio de promoções ou incentivos, como os destinados a contribuir com políticas de defesa do meio ambiente.

Essa atuação compreende toda a estrutura da empresa, mesmo as integrantes de grandes complexos empresariais compostos de sociedades com diversidade de objetos sociais em múltiplos países. Abrange as unidades sob seu controle, espalhadas por todos os continentes. Disso resulta padronização de hábitos, conceitos, práticas e costumes a facilitar comunicações, fiscalização e controles. Essa padronização envolve a fabricação do produto igual em todo o mundo, com a criação do modelo mundial, afastando peculiaridades locais. A exploração dessa estratégia resultou na criação do produto global idêntico em todo lugar, com a padronização de procedimentos contratuais e contábeis para todo o complexo empresarial. É um dos efeitos da globalização da economia, da qual as empresas privadas são os principais protagonistas e por ela responsáveis.

A multinacionalidade propiciada pela estrutura empresarial pôs por terra o mito da alardeada solidariedade universal dos trabalhadores, ideário da doutrina da ditadura do proletariado. Os movimentos de trabalhadores resistentes à transferência de instalações fabris de um país para outro focalizam a perda de empregos locais e não os efeitos benéficos em outro país. Os interesses dos empregados em cada país falam mais alto do que os da classe como um todo. Os dirigentes da empresa passam a arbitrar interesses de todo o conjunto de fatores nela envolvido, com a resolução de conflitos e de pendências de forma a harmonizar expectativas, com adoção de estratégias para alcançar objetivos de longo prazo. Atuam à semelhança de autoridades estatais, com poder similar a afetar grande número de pessoas, dentro e fora de sua estrutura. Têm sido convidados como paraninfos de fim de cursos universitários, a proferirem discursos para jovens profissionais que os têm como modelo para suas carreiras profissionais. O trabalhador, por sua vez, sendo parte integrante da empresa, tende a se identificar com seus objetivos e a defendê-los. Nela concentra suas aspirações políticas e sociais, para galgar posições de poder e benefícios econômicos, por meio de promoções a chefe, gerente e mesmo diretor.

Todo esse conjunto de fatores pode explicar o desuso da proteção diplomática, instrumento ultrapassado e incompatível com a era atual, sob novos princípios e valores a reger a Ordem Mundial.

II.8 - Conflitos de interesses: Estado x empresa privada

Interesses e objetivos da empresa podem se contrapor aos dos Estados em que atuam e tendem a prevalecer. Ilustra-o a política anunciada pelo presidente dos Estados Unidos, Donald Trump, no início de seu primeiro governo, com o refrão "*America First*". Conclamava o retorno ao país de empresas americanas com atividades no exterior. Foi retórica eleitoral para seduzir massas, na contramão da realidade da empresa. Ignorava o emaranhado de interesses que a envolve, sobretudo as integrantes dos complexos multinacionais, com extensa rede e gama de produtos por ela gerenciados. Não produziu efeito, diante do globalismo da economia de que as empresas com investimentos no exterior ou que assumiram a configuração multinacional são as principais protagonistas. Reação similar teve o presidente Nixon, no início da década de 1970, ao responsabilizar as empresas norte-americanas com investimento no exterior pela crise do balanço de pagamentos do país. Conclamava-as a repatriar lucros obtidos no exterior e não a reinvesti-los fora do país por meio de subsidiárias, valendo-se de paraísos fiscais para a aplicação de recursos em locais de sua conveniência.

O interesse governamental por vezes conflita com o processo de interdependência e da concorrência internacional que preside as decisões empresariais, que tendem a se sobrepor aos interesses políticos de autoridades. Os governantes, nos regimes democráticos, são eleitos, para mandatos de prazo determinado, ao final dos quais tornam-se figuras irrelevantes ou decorativas, sem projeção política efetiva. Por vezes, são substituídos por políticos com visões divergentes. A empresa permanece, com sua estrutura estável e autocrática, com adaptações de atividades de acordo com os rumos e tendências da sociedade. É o caso de empresas dedicadas à exploração do tabaco, que, diante das restrições legais e sociais ao uso do cigarro, passaram a incluir no seu escopo a produção de alimentos e outros produtos de consumo, para atender inclinações das populações. Muda o foco da atividade, mas permanece a empresa. Foi o que ocorreu com a empresa produtora de tabaco Phillips Morris, com sede na Suíça, que passou a controlar os grupos Kratz e a Nabisco, ambos tidos como os maiores produtores de alimentos nos Estados Unidos[16].

Episódio relatado pela imprensa ilustra o complexo de fatores envolvidos na relação das empresas com a comunidade em que atuam. Em certo momento, nos Estados Unidos, iniciou-se campanha pública para estimular a população a se abster de comprar produtos de origem japonesa e coreana. Inspirou o boicote, de cunho nacionalista, a compra de companhias e de entidades americanas de grande visibilidade pública, como as da indústria cinematográfica (Sony Pictures) e de locais de grande atração turística e emblemática, como o Manhattan Center, em Nova Iorque, em 1976 (The United Church). Da mesma forma, a instalação no país de indústrias automobilísticas para a produção de automóveis de marcas japonesas e coreanas incomodou o setor industrial e feriu o orgulho do americano médio. Logo trabalhadores das empresas de origem estrangeira afetadas pelo boicote reagiram com veemência contra a iniciativa. Esclareceram serem americanos, pagadores de impostos e funcionários daquelas entidades. Suas famílias seriam prejudicadas. O movimento não prosperou e as empresas continuam suas atividades normalmente, sem despertar reações. Os carrões típicos da indústria automobilística americana de outrora deram lugar a veículos de utilização ampla e prática, como os denominados SUV e caminhonetes, dotados de carrocerias a facilitar o transporte de bens domésticos. É reflexo da influência europeia e japonesa nas dimensões dos automóveis, registrando-se. modelos compactos com grande penetração naquele mercado.

Esses episódios mostram que deixaram os conglomerados empresariais de ser identificadas pela origem de qualquer país. Não são mais americanos, franceses, ingleses, italianos, alemães, japoneses ou chineses. Nessa condição atuam com desenvoltura, sem amarras estatais eficazes.[17] Contam com investimentos multinacionais na composição

16 Folha de São Paulo, edição de 26 de junho de 2000, noticia divulgada por ANDREW EDGECLIFFE-JOHNSON, do "Financial Times"

17 No ano de 2024, ano de eleição nos Estados Unidos, especula-se que o país poderia impor sobretaxas incidentes sobre automóveis elétricos originados da China, em benefício de empresa americana concorrente, com repercussão nas normas sobre a livre concorrência vigentes no país.

de seus capitais, na sua administração, no seu quadro de funcionários, na localização de suas instalações. Internacionalizaram-se e assumiram feição própria, independentemente do país de onde se originaram. Tornaram-se instituições permanentes a descaracterizar origens locais. Adotaram a feição similar à dos antigos feudos, subordinados a senhores com poder sobre todo o território sob sua jurisdição.

Mesmo a China, com sua administração gerida pelo partido comunista, não ficou imune a essa tendência, à qual se rendeu. O seu ingresso na Organização Mundial do Comércio, como país que adota a economia de mercado, é indicativo dessa mudança. As empresas chinesas de grande porte passaram a contar com investimentos estrangeiros para enfrentar a concorrência ou dificuldades de financiamento para suas atividades. Embora não tenham, ainda, assumido feição multinacional, são empresas privadas, sem controle estatal direto. A tendência à internacionalização se rende à necessidade de atrair investimentos externos para expansão de suas atividades, que extrapolam o território chinês. A estratégia envolve abertura de seus capitais e consequente negociação de suas ações em bolsas de valores internacionais. Dentre elas têm proeminência a Bolsa de Valores de Nova Iorque, sob normativa rígida da *Security Exchange Commission* (SEC), dos Estados Unidos. É exemplar o episódio dos procedimentos que precederam a apresentação da oferta pública inicial de ações da *China Telecom* e da *China Petrochemical Co.* (*Sinapec* ou *CNPC*, depois *PetroChina Company*), na Bolsa de Nova Iorque, que requereu alterações na estrutura das empresas para atender exigências daquela agência.[18] A resistência inicial do governo chinês foi vencida pelo interesse maior das empresas em contar com investidores estrangeiros na estrutura de seu capital social.

O conflito de interesse entre o Estado e a empresa privada revela-se, também, com a aplicação da política antimonopólio, típica do sistema capitalista da economia, que procura evitar a concentração de empresas, refreando-lhe o poder econômico. Trata-se de política antiga iniciada nos Estados Unidos em meados do século XIX e que se espraiou em meados do século XX para outros países. É um longo histórico, com mitos incidentes.

Sua adoção tem origem em decisão da Suprema Corte no caso Charles River Bridge x Warren Bridge, de 1837. Tratava-se de litígio envol-

---

18 HENRY M. PAULSON, Jr., *Dealing with China,* Headline, Inglaterra, 2015, p. 70 e ss.

vendo a empresa Warren Bridge agraciada com contrato para construir ponte no rio Charles, em Boston, nas proximidades do local em que a companhia Charles River Bridge havia construído antes outra ponte. O cerne da discussão versou sobre a legitimidade do monopólio de fato exercido pela empresa que construíra a ponte, com cobrança de pedágio para se ressarcir do custo da construção, e a livre concorrência, a assegurar o novo empreendimento no mesmo rio, em local próximo da outra. A maioria da Corte entendeu que haveria que prevalecer a livre concorrência, em detrimento do monopólio, que se tornou o pilar do sistema econômico daquele país. O Justice Joseph Story divergiu. Era notório especialista em direito privado e a questão envolvia o cumprimento de contrato celebrado com o Estado para a construção da ponte com prazo adequado para se ressarcir do investimento por meio da cobrança de pedágio. A dissidência de Story fundava-se no direito privado regulado no contrato a ser respeitado. A maioria, liderada pelo *Chief Justice* Taine, considerou estar em jogo não o interesse privado da empresa, mas o sistema político-econômico do país. Somos um país de monopólio ou da livre concorrência? Indagação que permeou a fundamentação da decisão, ao optar pela defesa do interesse público envolvido a se sobressair ao privado da empresa. O princípio estabelecido por essa decisão inspirou a legislação antitruste norte americana aprovada no final do século XIX e princípios do seguinte e se irradiou, em meados do século XX, para os países adeptos do sistema capitalista da economia, dentre eles o Brasil.

É preciso lembrar de que a política de defesa da concorrência era restrita ao sistema político-econômico norte-americano, de caráter estritamente territorial, como então reconhecido na jurisprudência daquele país. É o que se constata da decisão do caso American Banana x United Fruit, cujos fatos ocorreram na Costa Rica, envolvendo as duas empresas norte-americanas. American Banana ingressara com ação nos Estados Unidos com a alegação de que a United Fruit, em conluio com autoridades locais, passara a exercer o monopólio da plantação e comércio de bananas da Costa Rica. A Suprema Corte americana decidiu que os fatos ocorridos em outro país eram estranhos à sua jurisdição e não poderiam ser apreciados, ainda que ferissem os princípios das leis antimonopólio americanas. Foi a ratificação da territorialidade da jurisdição nacional.

A dinâmica das relações comerciais, contudo, provocou mudança dessa orientação. O crescimento dos negócios entabulados no exterior repercutia na área interna, com importações de produtos estrangeiros a afetar o mercado local. Esse efeito levou a dar nova configuração ao princípio da territorialidade da jurisdição, a ser apreciada sob o prisma do impacto local de negócios originados no estrangeiro. Cartel formado fora dos Estados Unidos por empresas não americanas com exportação de produtos para esse país passou a ser submetido à sua jurisdição. Foi o raciocínio aplicado no conhecido caso ALCOA. Tratava-se de cartel ajustado de acordo com as leis da Suíça, por empresas não americanas. Seu objetivo era organizar a produção e preço de venda de lingotes de alumínio, incluindo os exportados para os Estados Unidos. A decisão que acolheu o pedido de aplicação da lei antitruste justificou a jurisdição do tribunal norte-americano diante dos efeitos da ação do cartel no território local. O fato de as empresas que o formaram não serem americanas, nem terem sede ou subsidiária no país era irrelevante. Se os efeitos da combinação de preços e de quotas de fabricação se refletiam no país onerando o consumidor local, incidia a jurisdição judiciária para apreciar os atos sob o prisma da lei americana.

A adoção dessa política causou inicialmente grande celeuma internacional, pois as leis antimonopólio expressam orientação político-econômica típica do sistema norte-americano, despida de universalidade. A aplicação extraterritorial de leis nacionais está sujeita a princípios e normas aceitas universalmente, como a nacionalidade ou a universalidade do delito. No caso, tratava-se de política legislativa despida desse caráter, então restrita àquele país.[19]

Esse é o conceito tradicional. Todavia, os tempos e os costumes mudaram. Com a aceleração do comércio e dos investimentos internacionais e a ação das empresas com ramificações no exterior, a configuração anterior tomou outra conformação. Como um trem em movimento, o cenário muda com o avanço da locomotiva. A interrelação das economias fez com que os princípios da livre concorrência se espraiassem para todo o mundo Ocidental, capitaneados pela ação das empresas privadas.

O Brasil foi afetado. Embora não tenha tradição da livre concor-

---

19 JOSÉ CARLOS DE MAGALHÃES, "A aplicação extraterritorial de leis nacionais" *Revista de Direito Público*, São Paulo, 1983, p. 63-80.

rência, procurou adaptar-se e aprovou, em 1945, uma lei antitruste, a conhecida Lei Malaia (Decreto-Lei 7.666, de 22 de junho de 1945) de autoria do Ministro da Justiça Agamenon Magalhães. Foi tentativa de instituir política para regular infrações à ordem econômica e impedir monopólios. Não teve efetividade. Tornou-se inócua, até porque não havia suporte ideológico e social para sua aplicação, nem tradição no país sobre o tema. O monopólio na exploração do petróleo pela Petrobras, em 1953, o ilustra. Foi iniciativa classificada pelo povo como "lei que não pegou". Somente em 1962, com a aprovação da lei 4.137, com nova realidade a influir na sociedade brasileira, é que foi criado o Conselho Administrativo de Defesa Econômica CADE para tratar do tema.

Mesmo assim, teve pouca repercussão inicial e escassa aplicação. Veio, aos poucos, a adquirir efetividade, com processos sobre infração à ordem econômica como sintoma da contaminação social dos novos tempos. Adquiriu maior vigor, somente trinta anos depois, com a lei nº 8.884/1994, já com certa experiência no trato do tema, vindo a conferir caráter extraterritorial às normas brasileiras sobre concorrência (artigo 2º), ratificada pela Lei 12.529/2011. Com isso, o Brasil alinhou-se à tendência inaugurada pela jurisprudência norte-americana e espalhada para outros países. O mesmo acontecera na Europa, em que o tratado que formou a Comunidade Econômica Europeia, depois evoluída para a atual União Europeia, dedicara apenas dois artigos sobre o tema (arts. 95 e 96). Somente muito mais tarde incorporou normas para proteger a livre concorrência.

O cerne da política antimonopólio, com a ampliação dos mercados internacionais e a atuação das empresas, com suas associações e formação de grupos econômicos, é assegurar a livre concorrência, afetada por acertos monopolísticos e abuso do poder econômico. O conceito de mercado relevante está na raiz da caracterização do monopólio, a orientar as autoridades para aferir condutas monopolísticas em determinado país. O conceito tomou dimensões maiores para se considerar, em determinados casos, o mundo como alvo da empresa e não mais o Estado, ou a região em que se localiza. Foi o caso do episódio envolvendo a construção de grandes aviões pela empresa americana Boeing e a europeia Airbus, em que autoridades dos países envolvidos defenderam-nas sob a alegação não exercerem ação monopolística, pois o mercado relevante a ser considerado era o planeta e não mais o país ou a região.

Há de se notar que o abuso do poder econômico da empresa privada tem contrapartida na área pública no Brasil, com a lei que reprime o abuso de autoridade pública.[20] Sua aprovação enfrentou grande oposição de autoridades governamentais, juízes e promotores, ciosos das prerrogativas de seus cargos. Foram vencidos e a lei foi aprovada, tendo-se noticiado episódios de advogados darem voz de prisão a juízes com base nessa lei. Foi iniciativa inócua, mas produziu efeitos psicológicos com a divulgação do episódio inusitado. Tanto num caso, como no outro, o cerne do ato incriminado é o abuso de poder, seja público, seja privado. Trata-se de patologia a ser tratada como tal.

II – 9 As redes sociais e a extraterritorialidade da jurisdição estatal

O embate entre autoridades estatais e a empresa privada não se cinge às práticas monopolísticas. Apareceram também, e fortemente, com as empresas dedicadas à tecnologia da informação agrupadas no Vale do Silício e outras do mesmo ramo de atividade. São elas detentoras de informações fornecidas pelos usuários por vezes de interesse de autoridades governamentais em deles ter acesso. Se autorizados por decisão judicial, a empresa tem o dever de cumprir a ordem, o que as levam a informar o titular da informação sobre o fato. Em certos casos, a ordem judicial impede essa comunicação para evitar que o usuário as apaguem. Pode haver interesse público em coletar provas de atos delituosos, o que justificaria o sigilo da medida. Defendem-se as provedoras com o argumento de não serem titulares das informa-

20 Lei 13.869, de 05 de setembro de 2019. Art. 2º É sujeito ativo do crime de abuso de autoridade qualquer agente público, servidor ou não, da administração direta, indireta ou fundacional de qualquer dos Poderes da União, dos Estados, do Distrito Federal, dos Municípios e de Território, compreendendo, mas não se limitando a:

I - servidores públicos e militares ou pessoas a eles equiparadas;

II - membros do Poder Legislativo;

III - membros do Poder Executivo;

IV - membros do Poder Judiciário;

V - membros do Ministério Público;

VI - membros dos tribunais ou conselhos de contas.

Parágrafo único. Reputa-se agente público, para os efeitos desta Lei, todo aquele que exerce, ainda que transitoriamente ou sem remuneração, por eleição, nomeação, designação, contratação ou qualquer outra forma de investidura ou vínculo, mandato, cargo, emprego ou função em órgão ou entidade abrangidos pelo caput deste artigo.

ções por elas mantidas. Tal como os bancos, que não são donos dos valores neles depositados, elas, igualmente são apenas depositárias de informações a serem preservadas de acordo com contratos. Trata-se de matéria sensível como relatado por Brad Smith, presidente da Microsoft, ao expor a dificuldade do tema com o contraste entre pretensões de autoridades públicas e o direito à privacidade. [21] A matéria envolve direito constitucional equiparado à inviolabilidade do lar e ao sigilo da correspondência.

No Brasil tem sido objeto de discussão a liberdade de expressão e censura a conteúdos de notícias e de informações, por vezes falsas, em controvérsias submetidas aos tribunais. Após a aprovação da Lei 12.965, de 23/04/2014, que regula o Marco Civil da Internet, empresas administradoras de redes sociais tem sido alvo de ações judiciais, com imputações sobre violação da lei 13.709/208 (Lei Geral de Proteção de Dados Pessoais - LGPD) e do Código de Defesa do Consumidor. Esse conjunto de leis afeta a atividade dessas empresas, resistentes à sua aplicação, sob o argumento de violação da liberdade de expressão, ou de não serem responsáveis por conteúdos divulgados por usuários das redes que as divulgam.

A amplitude e o alcance internacional por elas propiciado têm implicações na aplicação da lei nacional aos efeitos externos do ato ou da informação divulgados. O interesse público ou privado na apreciação do fato se enquadra na extraterritorialidade da jurisdição estatal, para limitar e evitar efeitos de informações falsas, ou a transmissão de dados para o preparo de ações criminosas. Até porque o crime organizado em suas diversas ramificações se vale da tecnologia da informação para atuar em todo o planeta, amparado pela territorialidade da jurisdição. Por vezes, conta com a passividade ou mesmo conivência de autoridades nos diversos escalões da estrutura governamental dos países em que atuam.

Se o ato no exterior atinge pessoas ou empresas com sede no país, aplica-se a lei do local afetado pelo conjunto em que se insere. Decisão recente do Superior Tribunal de Justiça adotou o conceito ao determinar a provedor da Internet a retirada de conteúdo tido como ofensivo contra empresa sediada no Brasil divulgado em outros países. Susten-

---

21 BRAD SMITH e CAROL ANN BROWNE, *Tools and Weapons – The promise and the peril of the digital age* – Penguin Press, New York, 2019

tou que a característica transnacional da Internet, ao divulgar conteúdo para todos os continentes, justifica a submissão às leis brasileiras que afetem pessoas domiciliadas ou empresas sediadas no país. Em sua defesa, a provedora da plataforma de pesquisa Google Brasil, se insurgiu contra o caráter extraterritorial da ordem, pois haveria que levar em consideração leis dos países em que o conteúdo tido como difamatório foi divulgado.

A relatora, ministra Nancy Andrighi, defendeu a efetividade das decisões judiciais para dar proteção a pessoas vítimas da internacionalidade da ação dos provedores. Amparou-se em precedentes do Superior Tribunal de Justiça em ações que reconhecem não haver desrespeito à soberania de outro país em casos de quebra de sigilo e de ordem para o fornecimento de mensagens de correio eletrônico. Sustentou que o Marco Civil aprovado pela lei 12.965/2024 permite efeitos extraterritoriais a ordens judiciais brasileiras. Além disso, informou que o conteúdo difamatório da empresa continuava a ser divulgado na Alemanha e Colômbia, o que ratificava a necessidade de conferir efeito extraterritorial à decisão judicial.[22] É entendimento que se concilia com o desenvolvimento da jurisdição extraterritorial dos Estados, desde há muito acolhido internacionalmente. Está na mesma linha do Regulamento da UE 2016/679, do Parlamento Europeu e do Conselho, de 27 de abril de 2016, cujo artigo 3º, ao dispor sobre o âmbito da sua aplicação territorial, esclarece abranger os dados pessoais no contexto das atividades de um estabelecimento, independentemente de o tratamento ocorrer dentro ou fora da União[23].

É o mesmo conceito adotado no antigo caso Cutting, base para a ampliação posterior da territorialidade da jurisdição nos Estados Uni-

---

22 REsp. 2.147.711

23 Art. 3º - Âmbito de aplicação territorial

1. O presente regulamento aplica-se ao tratamento de dados pessoais efetuado no contexto das atividades de um estabelecimento de um responsável pelo tratamento ou de um subcontratante situado no território da União, independentemente de o tratamento ocorrer dentro ou fora da União. L 119/32 PT Jornal Oficial da União Europeia 4.5.2016

2 - Tratamento», uma operação ou um conjunto de operações efetuadas sobre dados pessoais ou sobre conjuntos de dados pessoais, por meios automatizados ou não automatizados, tais como a recolha, o registo, a organização, a estruturação, a conservação, a adaptação ou alteração, a recuperação, a consulta, a utilização, a divulgação por transmissão, difusão ou qualquer outra forma de disponibilização, a comparação ou interconexão, a limitação, o apagamento ou a destruição;

dos. Naquele caso, juiz mexicano condenara cidadão americano por ter publicado em jornal da cidade de El Paso, Estados Unidos, ofensas contra cidadão mexicano. Em sua defesa, amparado pelas autoridades norte-americanas, Cutting alegou ter o fato sido praticado em território americano, fora da jurisdição do México. O juiz esclareceu que não era ele condenado pelo que publicara nos Estados Unidos, mas pela divulgação do fato injurioso e distribuição do jornal na cidade do México em que residia o ofendido. Sua responsabilidade não se devia ao que fez no outro país, mas pelos efeitos do ato no território. É o mesmo critério a informar a extraterritorialidade de atos praticados sob o manto da Internet, em locais diversos, por vezes desconhecidos ou de difícil identificação.

Como se percebe, a atuação dos provedores de Internet não se restringe a determinada localidade ou país. Têm alcance internacional, passível de afetar reputações, o que explica a extraterritorialidade das decisões judiciais, de resto reconhecidas há algum tempo nos procedimentos antimonopólios. A desenvoltura com que atuam essas empresas na esfera internacional, por vezes difusos, dá ênfase ao poder que alcançaram fora dos parâmetros estatais, a dar-lhe característica de protagonistas internacionais independentes, sem vínculos com algum Estado. A diplomacia por elas exercida, objeto do capítulo II.9, é um dos reflexos do poder que alcançaram, desvinculado de qualquer Estado. Tornaram-se feudos independentes, Um dos efeitos possíveis desse desenvolvimento é reconhecer serem novos atores do cenário internacional, passíveis de serem submetidos à jurisdição do Tribunal Penal Internacional. Dentre os delitos incluídos na jurisdição daquele Tribunal estão os crimes contra a Humanidade e de agressão. A Inteligência Artificial por elas desenvolvida tem despertado atenção para os limites da ação dos equipamentos e artefatos por ela criados, o que torna possível o enquadramento como autores de delitos sob jurisdição internacional daquela corte.

II.10 - A diplomacia das empresas

A atuação dos conglomerados multinacionais, com desenvoltura e independência, deu-lhes a feição de feudos notado no relacionamento com Estados e com organizações internacionais, desvinculados de qualquer país. Tendo de contar consigo próprias, sem apoio estatal, adotaram estrutura de relações públicas similares às das relações diplomáticas entre Estados.

É certo que essa diplomacia pode não ser, ainda, suficiente para evitar percalços e incidentes nos quais a empresa conta com a intervenção dos Estados em sua defesa e de seus dirigentes em embates com autoridades estatais estrangeiras. Ilustra-o o episódio da prisão, em dezembro de 2018, por oficiais canadenses, a pedido dos Estados Unidos, da filha do fundador e diretora financeira da empresa de tecnologia Huawei, Meng Wanzhou. A empresa era alvo de procedimentos judiciais nos Estados Unidos, por violação de sanções aplicadas pelo país ao Irã. A China interessou-se pelo caso e, em represália, decretou a prisão de dois canadenses, sob a acusação de espionagem. Foi nítida ação governamental em favor da empresa chinesa, com repercussão no Canadá e nos Estados Unidos.[24] A ação chinesa propiciou a liberação da dirigente da empresa, após acordo. Nesse caso, a empresa foi usada como instrumento, na guerra comercial entre China e Estados Unidos, diante de sua expansão internacional em tecnologia concorrente com empresas americanas. Esse episódio ilustra o emprego de meios coercitivos contra a empresa, no âmbito de guerra comercial entre Estados e, ao mesmo tempo, a proteção indireta a ela conferida pelo país de onde provém.

Não se tratou de proteção diplomática na feição antiga, mas de ato político como estratégia para obter a liberação da prisão da empresária. De certa forma, reproduz a política do *big stick* adotada pelo governo de Theodore Roosevelt dos EUA, no princípio do século XX para proteger investimentos americanos no exterior (*fale com suavidade, mas carregue um grande porrete).* A intervenção da China, ao decretar a prisão de canadenses, sob o pretexto de espionagem, reproduz a estratégia.

---

24 Segundo reportagem do jornal *El Pais,* de 24.09.2021: "O Departamento de Justiça dos Estados Unidos chegou a um acordo com Meng Wanzhou, filha do fundador da Huawei e vice-presidente da empresa chinesa de tecnologia, que está no meio de uma briga entre Washington e Pequim. A justiça norte-americana vai libertar a executiva asiática e permitir que ela retorne ao seu país quase três anos depois de ter sido detida no aeroporto de Vancouver, no Canadá, sob a acusação de ter violado as sanções econômicas impostas ao Irã pela potência ocidental. A prisão da empresária aumentou as tensões entre as duas potências e prejudicou as relações entre Canadá e China. O gesto desta sexta-feira, ... visa a reduzir o atrito entre as potências justamente no momento em que Washington promove uma nova estratégia militar no Pacífico junto com Austrália e Reino Unido e relança a parceria Quad com Austrália, Índia e Japão

País dotado de grande expressão econômica, como a 2ª economia mais poderosa da atualidade, exerceu sua influência para conseguir resultado eficaz com a liberação da empresária pelo Canadá.

Para evitar ficaram espremidas entre interesses conflitantes de Estados, como o acima relatado, os grandes conglomerados empresariais adotam medidas de diplomacia. Enviam missões de esclarecimento e criam campanhas publicitárias destinadas a lhes polir a imagem e aparar arestas. Nessa tarefa procuram afastar preconceitos locais contra a empresa e seus produtos e, ao mesmo tempo, angariar apoio de autoridades governamentais, com divulgação do número de empregos por ela proporcionados e dos impostos recolhidos, além de ações sociais eventualmente realizadas. Nos tempos atuais de preocupação generalizada com o meio ambiente, esforçam-se em adotar políticas compatíveis com esse desiderato, incluídas no ideário que inspira a denominada *Enviromentral Social And Governance,* (ESG), bem como da Responsabilidade Social da Empresa. São iniciativas adotadas por empresas como forma de facilitar financiamentos e ampliação de mercados. Faz parte da estratégia a aquisição de empresas locais, com a preservação de marcas a identificar bens de consumo populares conhecidos, ou sua substituição pela marca mundial, como sinal de boa qualidade e de reputação internacional.

A diplomacia das empresas de comunicação, dedicadas às técnicas da informação, com o desenvolvimento da Inteligência Artificial, agrupadas na região do Vale do Silício (Silicon Valley), na Califórnia, oferece exemplo significativo dessa prática. Estão na vanguarda no cenário mundial, com suas atividades voltadas às comunicações e à constituição de redes sociais a exercerem influência em todo o planeta. Suas pesquisas no desenvolvimento da Inteligência Artificial as transformam em entidades poderosas em todos os sentidos. Se lhes traz poder, acarreta-lhes também responsabilidade no controle dos integrantes de suas estruturas. A defesa e difusão de suas imagens tornam-se cruciais pela intensidade de seu envolvimento em todos os níveis da população de todos os países.

À semelhança dos Estados, que mantém relacionamento com outros por meio de embaixadas e representações diplomáticas, as empresas de comunicação adotam estratégia similar. Segundo a revista *The Economist,* uma delas, a *Microsoft,* possui departamento de relações externas integrada por cerca de 1.500 funcionários. Atuam como diplomatas em 56 países, com transmissão regular de mensagens para a sede da empresa no Estado de Washington.[25]

A nova feição adotada por essas empresas é revelada pelo interesse de Estados em enviar representantes no Vale do Silício, Califórnia, em que se localiza a sede de grande número delas, dedicadas ao desenvolvimento de técnicas de comunicação e de Inteligência Artificial. É o caso da Dinamarca que, desde 2017, mantém representante no local. A União Europeia adotou similar comportamento para estreitar relações com aquelas empresas e tomar ciência de iniciativas de interesse mútuo.[26] Outros governos seguiram o exemplo, como a França, Austrália e Reino Unido. Segundo Brad Smith, a Microsoft nomeou representante "diplomático" para atuar com sua equipe nos Estados Unidos, China e Dinamarca[27]. Percebeu a necessidade de a empresa estreitar contato com autoridades governamentais para esclarecer melhor as atividades da empresa e as características que assumiram com a tecnologia adquirida.

Nesse quadro, destaca-se a ação do antigo analista de sistema da CIA, Edward Snowden e ex-contratado da agência de segurança dos Estados Unidos (NSA). Resolveu ele divulgar dados e de programas do sistema de vigilância daquele país, com alerta sobre os riscos de segurança a que estão expostos as autoridades governamentais e os usuários da Internet. Os jornais The Guardian e The Washington Post publicaram os dados colhidos por Snowden. O governo norte-americano reagiu, acusando-o de roubo de propriedade oficial e o processou. Estando o exterior, refugiou-se na Rússia, onde obteve asilo político. Essa divulgação causou problemas diplomáticos, por atingir outros países, afetando-lhes a segurança nacional.

A ação dos Estados Unidos de, por meio de agência governamental, captar informações de chefes de Estado estrangeiros é episódio é similar à estratégia da Inglaterra, sob a Rainha Elizabeth I, no século XVI. Outorgara carta de corso a piratas, dentre eles o notório Sir Francis Drake, para assaltarem navios da Espanha carregados de metais preciosos extraídos da América do Sul. O objetivo das pilhagens era enfraquecer o poderio do rei espanhol Filipe II, Se, naquela época, a riqueza almejada

25 *The Economist,* edição de 10.09.2019

26 *The Economist,* edição de 10.09.2019

27 BRAD SMITH e CAROL ANN BROWNE, *Tools and Weapons – The promise and the peril of the digital age* – Penguin Press, New York, 2019, p. 109/110

eram a prata e o ouro açambarcados na América do Sul, atualmente o bem valioso ambicionado é a informação. Mudou o foco, mas visam ao mesmo efeito político de influir na condução de países estrangeiros com a coleta e armazenagem de informações sigilosas de primeiros-ministros, presidentes da república, políticos e a população em geral, do próprio país e de outros.

A feição independente das empresas de comunicação pode ser aquilatada pela iniciativa da *Facebook,* em sua atual denominação *Meta*, de criar um Conselho independente, com dotação de US$130 milhões, formado por 20 personalidades de grande reputação, dentre as quais um vencedor de Prêmio Nobel e de antigo ministro de Estado. Atuará fora da estrutura da empresa, como uma espécie de tribunal, com atribuições para examinar problemas e limites de liberdade de expressão e de conteúdo da plataforma.[28]

A diplomacia das empresas de alta tecnologia tem sido utilizada em entendimentos entre elas e com autoridades governamentais para enfrentar o desafio de ataques cibernéticos a afetar computadores e instalações informatizadas em todo o planeta. São ações que têm se intensificado a afetar atividades governamentais, empresas privadas, hospitais, escolas e a população em geral em todos os lugares. Um dos que despertaram maior atenção foi o ataque com o programa malicioso (*"malicious malware"*) WannaCry, em 2017, cujo alvo foi o sistema operacional Microsoft Windows. Esse programa usa criptografia que bloqueia o uso do computador e captura dados do usuário, com a promessa de devolução, após o pagamento de resgate de valor elevado. Foi aplicado em escala global, vitimando a população de diversos países.

Além dele, outro se verificou no mesmo ano de 2017. Foi desfechado pela Rússia, com o programa denominado NotPetva, que interferiu não apenas com serviços governamentais, mas também com usuários e empresas privadas de navegação e transporte como a dinamarquesa A.P. Moller-Maersk. Esse ataque atingiu cerca de 230.000 pessoas, privando-as de energia elétrica, além de hospitais e escolas durante o inverno. Segundo se relata, outro ataque foi feito dois anos depois alcançando estruturas governamentais, instituições financeiras, acarretando o fechamento de usinas nucleares da Ucrânia.[29]

28 Conforme notícia de *El País,* de 07 de maio de 2020.

29 MICHAEL BALDASSARO, *data scientist for the Carter Center's peace programs.* Blog | Russia-Ukraine Conflict Exposes Need for Digital Geneva Convention, March 9, 2022. Fon-

A frequência e alcance de ações cibernéticas criminosas a provocar danos em usuários de computadores em todo o planeta, geraram preocupações das empresas do setor e de autoridades governamentais. Trata-se de ato delituoso que extravasa o âmbito interno dos Estados e espraia-se por outros, com abrangência internacional, a requerer medidas compatíveis de defesa. Essa constatação levou o presidente da Microsoft, Brad Smith, a sugerir a aplicação de princípios da Convenção de Genebra, de 1949, sobre ações guerreiras, para tratar do problema[30]. O foco maior da Convenção é conter a ação dos Estados para evitar ataques a construções e equipamentos de infraestrutura de apoio a atividades essenciais, como estações de energia elétrica e hospitais, ou que danifiquem a economia global, dentre outros.

Essa iniciativa requer amplo entendimento com as empresas do setor e com autoridades governamentais dispostas a colaborar para a adoção de princípios e normas internacionais para combater tais ataques. Nasceu a ideia de se elaborar uma Convenção Digital de Genebra, destinada a criar uma estrutura legal obrigatória para regular o comportamento dos Estados no espaço sideral, com reflexos no planeta.

Um dos objetivos da proposta o é o de tentar refrear a ação de autoridades estatais patrocinadoras de espionagem digital, como as detectadas pelo antigo funcionário da CIA Edward Snowden de que acima se tratou.

Inspirou-a também o fato de ataques cibernéticos terem atingido alvos civis em tempos de paz, com alcance internacional. Há, por essa razão, interesse global em tomar medidas de proteção contra tais iniciativas e limitar a desenvoltura com que autoridades governamentais se valem da tecnologia da informação para fins ilícitos, além da ação de piratas cibernéticos a azucrinar a vida das pessoas comuns e de empresas.[31]

---

tes relacionadas: Center Fights Digital Threats to Democracy, Human Rights.; Carter Center Conflict Resolution Program e Carter Center Democracy Program »

30 BRAD SMITH e CAROL ANN BROWNE, *Tools and Weapons,* Penguin Press, Nova Iorque, 2019, p,109-130

31 Embora extenso, é oportuna a transcrição dos propósitos dessa Convenção, cujo foco maior é conter a ação Estados: "A substância da Convenção Digital de Genebra para Governos em Tempos de paz estabeleceu e seguiu normas internacionais e outras áreas militares e geopolíticas, tais como a não proliferação (das armas nucleares), O Ciberespaço não deveria ser diferente. As cláusulas chaves da Convenção Digital de Genebra deveria impor aos Estados a:

- Absterem-se de atacar sistemas cuja destruição causaria impacto negativo na segurança e saúde de cidadãos privados, (tais como hospitais, empresas de eletricidade);
- Absterem-se de atacar sistemas cuja destruição prejudicaria a economia global (por exemplo, a integridade das transações financeiras), ou de outra forma causem maior distúrbio

Os entendimentos para a adoção da Convenção Digital de Genebra, envolvendo as empresas de alta tecnologia digital e governos despertou interesse da ONU. O Secretário Geral por meio da Resolução 73/266, aprovou a formação de grupo de técnicos para propor medidas de segurança (Group of Governmental Experts on Advancing responsible State behaviour in cyberspace in the context of international security (GGE). O GGE é composto por 25 membros, cuja chefia foi atribuída ao embaixador do Brasil Guilherme de Aguiar Patriota, que apresentou Relatório para a Assembleia Geral da ONU em 2021.

Os entendimentos e negociações para implantar a Convenção Digital de Genebra pôs em destaque a nova configuração das empresas de tecnologia da informação. A verdadeira maratona de reuniões com autoridades e empresários empreendida pelos negociadores se assemelha a ação de diplomatas estatais, o que fez o Ministro das Relações Exteriores da Dinamarca concluir terem-se tornado "uma espécie de nações".[32]

Na verdade, tornaram-se feudos similares aos do passado, dotados de poder político, tecnológico e institucional, a conviverem com os

global (por exemplo, serviços baseados na "nuvem");

- Absterem-se de *hackear* contas pessoais ou dados privados possuídos por jornalistas e cidadãos privados envolvidos no processo eleitoral;
- Absterem-se de usar informações e comunicações tecnológicas para roubar a propriedade intelectual de companhia privadas, inclusive segredos comerciais ou outros negócios confidenciais para prover vantagem competitiva a outras companhia ou setores comerciais;
- Absterem-se de inserir ou requisitar informações confidenciais de produtos comerciais de marketing de massa;
- Concordarem em uma política clara para adquirir, reter, assegurar, usar e relatar vulnerabilidades – que reflitam divulgação a vendedores – em produtos e serviços de massa;
- Restringir o desenvolvimento de armas cibernéticas e assegurar que qualquer delas sejam desenvolvidas limitadas, precisas e não reutilizáveis;
- Os Estados devem assegurar que mantém o controle de suas armas para preservar o meio ambiente.
- Concordarem em limitar armas cibernéticas. Os governos não deveriam distribuir ou permitir outros a distribuir armas cibernéticas e deveriam usar inteligência e medidas de eficácia legal e sanções financeiras contra aqueles que o fizerem.
- Limitar o engajamento em operações ofensivas cibernéticas que causem danos massivos em infraestrutura civil ou equipamentos;
- Assistirem os esforços privados na detecção, contenção, reação e recuperação de ataques cibernéticos. Em particular, possibilitar equipamentos ou mecanismos necessários para reagir e recuperar, inclusive Grupos de Emergência de Resposta de Computador (CERTs, na sigla inglesa).
- Considerar a reação e recuperação do setor privado como ato similar ao ataque ao pessoal médico em hospitais militares. (tradução livre do Autor)

32 BRAD SMITH e CAROL ANN BROWNE, p, 119.

Estados e influírem em suas políticas e decisões. Só não dispõem de força armada em sua configuração tradicional, com militares e armas a se enfrentarem em campos de batalha.

O poder político por elas alcançado pode ser aquilatado pela convocação, pela Comissão Europeia, das grandes gerenciadoras das redes sociais (Apple, Google, LinkedIn, Meta, Microsoft, Pinterest, Snapchat, TikTok, Wikimedia, X e YouTube) para fazer um balanço sobre as orientações eleitorais estabelecidas pela legislação destinada a prevenir atividades ilegais nocivas e a difusão de desinformação.[33] Embora submetidas à jurisdição dos Estados em que são sediadas - que deveriam ser os convidados pela Comissão Europeia, para as providências requeridas – a noção da realidade se impôs. Os feudos das *big tech*, como é conhecido o grupo integrado por essas empresas, foram os destinatários da convocação como se fossem entidades independentes e autônomas, desvinculadas dos Estados em que estão sediadas. a atuar com desenvoltura em todos os países.

II - 11 Uma reflexão necessária

No passado, reis e aristocratas tinham participação ativa na refrega bélica em que muitos tombavam nos enfrentamentos diretos com o inimigo. Expunham seus corpos na defesa de suas ideias e preferências políticas e da nação envolvida. Os tempos mudaram. Autoridades do alto escalão dos Estados não mais participam de embates guerreiros. Abrigam-se em seus gabinetes distantes do cenário belicoso, onde tomam decisões de comando da ação militar a atingir civis, protegidos em suas salas no conforto do ar-condicionado.

A bravura pessoal do soldado em ações guerreiras deixou de ter destaque com a guerra travada à distância. Mísseis são disparados para alcançar alvos longínquos e drones de vigilância ou portadores de artefatos explosivos fazem o papel da artilharia e mesmo da infantaria de outrora. Têm poder de destruição muito maior. A divulgação de ataques por esse meio pelo noticiário diário para os países e populações alheios aos embates belicosos desperta reações da comunidade internacional e julgamentos sobre os efeitos da ação militar. Os relatórios escritos por correspondentes de guerra para jornais, com a visão pessoal do jornalista, foram substituídos por vídeos a exibir cenas ao vivo pela televisão, com prédios

33 Fonte: Correio da Manhã (Portugal), de 17 de maio de 2024

inteiros postos abaixo e seus escombros amontoados a se espalharem a soterrar ruas e pessoas. São visões que não requerem interpretações ou versões. Sobreviventes esforçam-se para localizar vítimas submersas sob ferros retorcidos e pedaços de paredes derrubadas, em procura aflita e tormentosa, a compor parte do panorama de cidades destruídas. A Faixa de Gaza e cidades da Ucrânia, sob assédio irado de Israel e da Rússia nos anos 2023/2024 ilustram a prática, a despertar consternação generalizada dos povos, embora inócua e incapaz de provocar sentimentos apaziguadores das autoridades responsáveis.

Menos ênfase e publicidade têm sido dados no Ocidente ao conflito brutal no Sudão iniciado em 2023, a vitimar milhões de pessoas, compelindo-as a abandonarem suas casas. É a continuação de ações guerreiras de mais de 15 meses, a causar fome da população, abalada por chuvas torrenciais em junho de 2024. Sendo país pobre, as ações militares não contam com recursos para custear armamentos impulsionados pela Inteligência Artificial. Igual sorte tem tido outros países africanos cujos habitantes emigram para a Europa em aventura pelo Mediterrâneo, nem sempre bem sucedida.

Segundo a Organização Internacional para as Migrações (OIM) das Nações Unidas, quase 20 mil pessoas provindas do Norte da África morreram tentando fazer a travessia. Essa migração tem provocado resistência forte das populações dos países europeus, esquecidos de que seus antepassados emigraram, fugindo da pobreza e da fome, indo para o Novo Mundo em meados do século XIX, grande parte para a America do Sul e para os Estados Unidos. Agora sofrem o resultado da política colonialista que empreenderam em passado recente, com grande ênfase no continente africano, que perdurou até os anos 1960, quando se processou a descolonização patrocinada pela ONU. Os "territórios" submetidos ao regime de tutela foram elevados à condição de Estados, identificados na ocasião, como Estados Novos, a pleitearam mudanças na Ordem Internacional. Foi a "africanização" daqueles países, com fronteiras definidas pelas antigas metrópoles, sem considerações de particularidades das diversas facções étnicas, sociais e religiosas. Ao emergirem para a cena internacional logo postularam a eliminação de temas sensíveis consagrados pelo Direito Internacional com normas que acolhiam a subjugação de povos incapazes de se defenderem. Dentre elas as que regulavam o colonialismo, substituído pelo regimes do mandato, do protetorado e, depois, pelo de tutela. Sua vigência foi mantida quando da aprovação da Carta da ONU, que considerava tais populações incapazes de se autogovernarem. Por isso deveriam ser "protegidas" ou "tuteladas" pelas nações "civilizadas".[34] Era a noção colonialista que a constituição da organização não evitou. Somente mais tarde é que a aboliu, ao se render à dinâmica social reformadora.

A expressão "nações civilizadas" constante do Estatuto da Corte Internacional de Justiça, ao se referir a princípios que devem nortear suas decisões ilustra mentalidade de então, ora modificada. Indica a separação entre nações auto classificadas como "civilizadas" em contraste com as demais, dentre as quais os chamados Estados Novos, recém egressos do sistema de protetorado e, depois, de tutela, a que foram submetidos.

O processo migratório é reflexo do antigo regime colonialista, levando o escritor Jean-Claude Chesnais a considerar as migrações como vingança das populações colonizadas a invadirem as antigas metrópoles, título que deu ao livro em que aborda o tema[35] Na verdade, não se trata de vingança, mas de pedido de socorro pelo efeito previsível da política colonizadora extrativista adotada por séculos. Os colonizadores não cogitaram de medidas compensatórias adequadas, focalizando apenas os benefícios dos recursos auferidos, sem atenção à população local. Não se aperceberam que a História é vivida por ciclos a permear as relações humanas. A população dos países ocidentais afetados por essas ocorrências deixa de considerar o passado recente do movimento contrário empreendido por seus países em busca de recursos e matérias primas das quais usufruem. Agora sofre o revés.

As considerações ora expendidas tem a ver com o foco deste livro ao destacar a perturbação da Humanidade e a reação corretiva provocada pela dinâmica social. A participação das empresas privadas nos entrechoques armados e na disseminação de informações tem sua parcela de responsabilidade nesses efeitos. As empresas privadas militares e as que se dedicam à fabricação de armamentos e engenhocas militares são co-partícipes da ação guerreira de Estados. Objeto lúgubre de uma atividade empresarial macabra voltada para a produção de morticínios, como fonte de receitas e de prosperidade empresarial. Contraria os propósitos e princípios estabelecidos no art. 1º da Carta da ONU, com

34 Arts. 73-91 da Carta das Nações Unidas

35 JEAN-CLAUDE CHESNAIS, *A Vingança Do Terceiro Mundo*, Espaço e Tempo, tradução de A. Bastos, 1989.

a universalidade que a consagrou ao longo de sua conturbada vigência, a resistir violações periódicas.

Atualmente o que é relevante para os países empenhados na ação militar é o arsenal de artefatos dotados de tecnologia da informação e das comunicações. São mais eficientes do que divisões de exércitos com seus tanques e aviões de guerra. Até porque as armas são, elas próprias, dotadas de tecnologia fornecida por essas empresas a dispensarem confrontos pessoais. Em última análise, os Estados delas dependem para atualizarem armamentos militares, como os mísseis de longo alcance, aparelhos supersônicos e drones de vigilância e de ataques a alvos precisos. Em tempos de paz, os automóveis dirigidos por meio de Inteligência Artificial circulam sem motoristas nas vias urbanas ou em estradas, dotados de dispositivos de segurança que os freiam ou aceleram sem ação de motoristas. Fazem parte da realidade ainda de poucos países, em caráter experimental, com a possibilidade de se tornar corriqueira pela ação expansionista das empresas e aprimoramento da tecnologia. O GPS a indicar caminhos e alertar sobre obstáculos nas estradas é inovação relativamente recente que se tornou aplicativo comum nos automóveis a aumentar a dependência dessa tecnologia, com o abandono definitivo dos antigos guias e mapas de estradas e de vias públicas.

A iniciativa de setores da Sociedade Civil de promover entendimentos em conclaves internacionais para aprovar uma convenção internacional para regular ações da Inteligência Artificial, como acima relatado, não é nova. A Câmara de Comércio Internacional – CCI, na década de 1920, fez amplas gestões junto a Estados para celebrar o Protocolo sobre cláusula arbitrais, uma aspiração dos operadores do comércio internacional. Foi o primeiro instrumento internacional a ter como foco a arbitragem internacional, em longo caminho que culminou com a Convenção de Nova York, de 1958, desta vez sob os auspícios da ONU.

A diferença entre ambas as iniciativas reside no fato de a pretendida Convenção de Genebra Digital ter amplitude maior, de interesse da Humanidade, afetada por ataques cibernéticos delituosos, com ou sem o patrocínio de Estados. A tecnologia da informação e das comunicações não é restrita a alguns países, mas, interessa a todo o planeta, dependente dessa tecnologia e dos vínculos com os satélites artificiais.

É a ação da Sociedade Civil a se defender de ações criminosas lastreadas na tecnologia da informação. Os Estados, embora não tenham a liderança da iniciativa, delas participam como coadjuvantes interessados no regramento de técnica que os afeta e da qual são carentes.

II.12 - O Estado refém dos feudos empresariais

A nova configuração da Ordem Mundial resultante da diminuição da supremacia dos Estados, levou setores da Sociedade Civil a desempenhar atividades que interfere com a condução da administração pública pelas autoridades estatais. É o caso das empresas de avaliação de risco, que substituíram a ação do FMI na avaliação econômico-financeira dos Estados e no cumprimento de metas econômicas de controle da inflação. No auge da crise da dívida externa de diversos países verificada nas décadas de 1970/1980, dentre eles o Brasil, aquela organização internacional atuava como fiscalizador das contas públicas e dos resultados econômicos dos Estados, dos quais era credora. O resultado de seu trabalho servia como baliza para a concessão de novos empréstimos ou a renovação de antigos, bem como para investidores privados avaliarem condições para empréstimos ou investimentos. O FMI, sendo uma organização internacional, constituída por Estados, integra a estrutura da ordem mundial neles fundada.

Assim, observância de padrões e recomendações por ela editados faz parte do rol de atividades a ela atribuídos por tratado internacional. Nesse mister, enviava missões aos países, para coleta de informações sobre a política econômica adotada e elaborava relatórios sobre o desempenho de cada um. Com base nos resultados dos levantamentos, fazia recomendações para ajustes na política econômica do país alvo, segundo critérios conservadores que adotava. Os investidores internacionais e os bancos, escudados nos resultados dessa análise, avaliavam as condições e prazos para o aporte de recursos ao país devedor, com cálculos pertinentes dos encargos financeiros do financiamento, com taxas de juros adequadas aos riscos da empreitada.

Aquela função foi afetada pela ação das empresas privadas de avaliação de risco que pesquisam dados e informações sobre o desempenho dos Estados e de suas emanações e lhe atribuem nota de avaliação. O grau de risco por elas atribuído serve de baliza para os investidores internacionais e banqueiros para estimar os encargos financeiros a serem cobrados dos tomadores. A Sociedade Civil, por meio dessas empresas privadas de avaliação de risco, passou a suprir aquela tarefa, antes confiada ao FMI, no contexto maior de suas análises da administração financeira dos Estados mutuários. No Brasil, as empresas de avaliação de risco contam com respaldo do Estado, por meio de ato da Comissão de Valores Mobiliários[36].

Em outra área a ação da Sociedade Civil se impõe ao Estado. O desempenho da administração pública tem sido examinado por meio da organização denominada *International Organization for Standardization,* conhecido pela sigla ISO. Trata-se de organização não governamental fundada em 1947, em Londres, com sede atual em Genebra, com presença em cerca de 189 países. Seu objetivo é o de promover a normatização de produtos e serviços para a manutenção de qualidade, em processo de contínuas e reiteradas a avaliações. A obtenção do certificado emitido pela entidade constitui comprovação de excelência dos produtos ou dos serviços prestados pelos interessados em obtê-la. A administração pública dos países dela se socorrem para essa avaliação, a exemplo de empresas privadas, a demonstrar a excelência de suas atividades produtivas ou de prestação de serviços.

A dependência dos Estados da tecnologia da informação desenvolvida pelas empresas exploradoras dessa atividade é outro fator a submetê-los a setores da Sociedade Civil, como o das redes sociais. Empresas norte-americanas sediadas no Vale do Silício, as administram, com o desenvolvimento de Inteligência Artificial (IA) em andamento acelerado. É um grupo pequeno de empresas que exerce controle sobre informações, comunicações e na administração das redes sociais, tendo, até, tomado decisões de excluir políticos influentes por violações dos princípios por elas concebidos.

Ao abordar o tema, o Relatório do Grupo de Especialistas (GGE) formado por decisão do Secretário Geral e submetido à Assembleia

36 Resolução n. 521, de 25 de abril de 2012, da Comissão de Valores Mobiliários, define o que seja a agência de classificação de risco: "Art. 1o Considera-se, para os efeitos desta Instrução: i — agência de classificação de risco de crédito: pessoa jurídica registrada ou reconhecida pela cvm que exerce profissionalmente a atividade de classificação de risco de crédito no âmbito do mercado de valores mobiliários; e ii — classificação de risco de crédito: atividade de opinar sobre a qualidade de crédito de um emissor de títulos de participação ou de dívida, de uma operação estruturada, ou qualquer ativo financeiro emitido no mercado de valores mobiliários. Parágrafo único. Esta Instrução somente se aplica às classificações de risco de crédito destinadas a publicação, divulgação ou distribuição a terceiros, ainda que restrita a clientes".

Geral da ONU reconhece a crescente dependência dos Estados das informações e comunicações tecnológicas, que são desenvolvidas pelas empresas de tecnologia da informação e das comunicações:

"Como os Estados se tornaram cada vez mais dependentes da Tecnologia da Informação e das Comunicações (ICT, na sigla em inglês), aderir à estrutura comum de comportamento no uso das ICTs no contexto da segurança internacional é essencial para todos os Estados se beneficiarem das tecnologias e protegerem-se contra e responderem ao seu mau uso".[37]

Esse é apenas um dos aspectos do impacto desse desenvolvimento tecnológico. A IA tem se expandido para atingir número expressivo de atividades próprias de pessoas, havendo a preocupação de eliminarem postos de trabalho e criarem desemprego em diversas áreas. Aparentemente esse efeito ainda não se verificou, até porque há sempre novas tecnologias a requerer a intervenção humana, como tem ocorrido em todos os tempos. O cerne dessa nova tecnologia é baseado em algoritmos, termo definido como um conjunto de instruções ou regras para realizar uma tarefa ou resolver um problema. A informação que alimenta a IA é fornecida pelos usuários, conscientemente ou não, e que podem resultar na invasão da privacidade de pessoas, como já acontece.

Ao pesquisar algum tema de interesse pessoal em aplicativos de pesquisa, como Google ou Bing, ou em outro das redes sociais, ou, ainda, ao adquirir algum produto por meio virtual o interessado é bombardeado com anúncios e mensagens a eles relacionados. É o preço pago pela pesquisa "gratuita" e sem custo financeiro. O pagamento, na verdade, é a informação transmitida ao aplicativo "gratuito", a lhe integrar o ativo. Com base nos dados coletados, apura tendências as mais diversas, desde moda e o consumo de determinados tipos de alimento, até de outros bens de uso pessoal ou da coletividade. O compartilhamento de informações e de dados pessoais tornou-se regra costumeira, ainda que não autorizada. Os Bancos estimulam clientes a informar seus investimentos em concorrentes, acumulando informações financeiras de todo o tipo. A disseminação involuntária de informações já se destacava com

---

37 Report of the Group of Governmental Experts on Advancing responsible State behavior in cyberspace in the context of international security

"93. As States become increasingly dependent on ICTs, adhering to a common framework of behavior in the use of ICTs in the context of international security is essential for all States to benefit from the technologies and protect against and respond to their misuse."

os cartões de crédito, em que as operadoras têm conhecimento dos hábitos de consumo de seus usuários. Estilo de vida, local de atividades e de viagens e sua periodicidade, roupas, tipo de alimentação consumida, enfim todo o universo que cerca o usuário era e é franqueado para as operadoras de cartões de crédito. São informações que se tornaram patrimônio de valor inestimável para fins comerciais e políticos.

As comunicações à distância estão no cerne desse desenvolvimento e é característica das sociedades, desde eras antigas, O uso do pombo correio, cartas levadas por meio de carruagens puxadas a cavalo, serviço postal do passado, evoluindo, após longo período para o telégrafo, com a invenção de Samuel Morse, em 1844. Antes, o transporte ferroviário já interligava cidades no conforto de trens movidos a vapor e, depois, por eletricidade. O telefone complementou, seguindo-se a transmissão por telex e, depois, fax, mensagens eletrônicas, WhatsApp, em uma sucessão de novidades que não cessam, tornando-as logo ultrapassadas.

A IA é novo ingrediente a assustar pela variedade de seu uso no quotidiano. A divulgação de informações nem sempre de fatos verdadeiros tem sido utilizada como estratégia política a confundir eleitores. O espantalho das informações falsas provoca discussões sobre os limites da liberdade de expressão e a ação de censores judiciais ou administrativos.

A intensidade da coleta de dados e informações pelo pequeno grupo de empresas que integram o feudo das comunicações do Vale do Silício e outras sediadas na China que se dedicam ao desenvolvimento e exploração da IA foi percebida por alguns governos. A Índia proibiu o uso do aplicativo chinês Tik Tok, alvo de investida nos Estados Unidos, que impede o seu uso pelos funcionários públicos e militares. A Rússia baniu das redes sociais aplicativos ocidentais, o mesmo fazendo a China com alguns aplicativos, bem como o Irã e Etiópia, todos sob o pretexto de defesa da segurança nacional.

A desenvoltura com que a IA tem se processado levou autores como Yuval Noah Harari a concluir ter-se estabelecido um colonialismo de dados a subjugar Estados e populações inteiras. O extraordinário volume de dados e informações de que dispõem sobre pessoas, funcionários, militares, instituições públicas e privadas. armazenados durante anos, dá poder a essas empresas a justificar o temor do colonialismo a que se refere aquele autor. Reforça a configuração formada daquelas empresas em feudos poderosos a desafiar o poder dos Estados e a submetê-los às suas diretivas, o que explica a cautela de sua proibição por alguns países.

Segundo ainda Yuval Noah Harari, "gigantes *high tech*, como a Amazon e Alibaba, podem monopolizar até mesmo uma indústria muito tradicional, como a têxtil. Em 2021 a Amazon se tornou a maior varejista de roupas dos Estados Unidos"[38]. Sem administrar uma única loja física, a empresa faz vendas por meio virtual, sem que os consumidores tenham de se deslocar para adquirir produtos de consumo. Tem-se tornado prática usual fazer compras à distância, com alteração de hábitos e de costumes das populações. Hábito que, ao mesmo tempo, alimenta com dados e informações a Inteligência Artificial sobre necessidades do usuário e de populações inteiras.

No Brasil, a predominância do uso de provedor de Internet ligado a satélite artificial utilizado por parte da estrutura administrativa estatal e das forças armadas, é dos problemas a ser enfrentado para evitar dependência perigosa. O país adotou, como estratégia para o uso da Internet, a regulamentação da atividade por meio de duas leis. A primeira denominada Marco Civil da Internet (Lei nº 12.965, de 23 de abril de 2014) estabelece princípios a serem observados para o seu uso, dentre eles a liberdade de expressão, a proteção da privacidade de dados pessoais, a neutralidade da rede, a responsabilidade dos agentes que operam a atividade, dentre outros (art. 3º).

A segunda lei complementa a anterior com a denominação de Lei Geral de Proteção de Dados (Lei nº 13.709, de 14 de agosto de 2018 - LGPD). Tem, como fundamento, o respeito à privacidade; a autodeterminação informativa; a liberdade de expressão, de informação, de comunicação e de opinião; a inviolabilidade da intimidade, da honra e da imagem e os direitos humanos, dentre outros previstos no art. 3º.

Trata-se de matéria sensível e de difícil compreensão. A liberdade de expressão é dos temas frequentes, a gerar controvérsias sobre limites do uso dos aplicativos, em temas de fundo político ou de costumes.

II. 13 - As Empresas Militares

O avanço da Sociedade Civil sobre o Estado é contínuo e em todas as áreas. Uma delas, consequência não suspeitada do fim da Guerra

---

38 YUVAL NOAH HARARI, *Nexus – Uma breve história da informação, da Idade da Pedra à inteligência artificial*, Companhia das Letras, São Paulo, 2024, p. 369-373.

Fria, foi o aparecimento ou o desenvolvimento das empresas privadas militares. Na década de 1960, já se notava a presença delas no processo de descolonização dos territórios submetidos ao regime de tutela, localizados em maior número na África. Atuaram em conflitos da região, como os verificados no Sudão e Sudão do Sul, Nigéria, Ruanda, Mali, Burundi, República Democrática do Congo e Angola. [39]

O esforço para terminar a Guerra Fria e o desamamento das principais potências formaram o pano de fundo para a mudança do cenário tenso gerado pela Guerra Fria. O Tratado de Forças Nucleares de Alcance Intermediários, entre Estados Unidos e União Soviética, em 1987 e o Tratado de Não Proliferação de Armas Nucleares, de 1968 é resultado desse empenho. Em paralelo, houve redução dos efetivos militares das principais potências, com o deslocamento de profissionais treinados para a área privada.

A indústria bélica foi duramente afetada, Deixando de receber encomendas dos países, seus tradicionais clientes, tornaram disponível armamentos a preços módicos. A reunificação da Alemanha, igualmente, provocou a colocação no mercado número expressivo de armas antigas, leiloadas a preço baixo. As empresas militares disso se aproveitaram para constituir arsenal próprio. Conseguiram aliar dois fatores essenciais para atuar: pessoal qualificado e experiente para ações militares e arsenal de armamentos a lhes propiciar condições para atividades bélicas. Além desses dois fatores, adiciona-se a qualificação tecnológica própria para funções de inteligência e de administração de que carecem muitos países. O governo americano as emprega, sob contratos de valores elevados, em ações impopulares no exterior, permitindo-lhe deixar de convocar jovens para essas tarefas. Idêntico procedimento foi adotado pela Rússia, ao contratar a empresa militar Wagner para intervir na guerra com a Ucrânia. Criada em 2014, foi contratada pelo governo russo para atuar nessa guerra, tendo recrutado cerca de 40 a 50 mil prisioneiros em troca de perdão de suas penas. A imprensa noticiou rebelião de seu líder Prigozhin, que chegou a tomar a cidade de Rostow, em direção a Moscou. Tratativas com o governo resultaram em perdão pela rebelião, tendo o líder Prigozhin sido morto em acidente de avião.

As atividades das empresas militares, sobretudo na África, motiva-

39 Para maior desenvolvimento sobre o tema, vide JOSÉ CARLOS DE MAGALHÃES, *O Mundo como empresa global*, Grua Livros, São Paulo, 2016.

ram a celebração de instrumentos internacionais para delas tratar. É o caso da "Convenção para a Eliminação de Mercenários em África, da Organização da Unidade Africana de 1977, e o Protocolo Adicional I às Convenções de Genebra de 12 de agosto de 1949. Reflexos de abusos por elas cometidas foram abordados na Assembleia Geral da ONU, que aprovou a Convenção Internacional contra o Recrutamento, Uso, Financiamento e Treinamento de Mercenários, em 1990 (Resolução 44/34), ratificada por 35 países e em vigor desde 20 de outubro de 1990. O interesse regional dos países africanos explica o baixo número de ratificações e a ausência dos países industrializados em geral e do Brasil, em particular.

Essa Convenção não ficou isolada. Logo o Comitê Internacional da Cruz Vermelha, em reuniões de 2006 e 2008, aprovou instrumento com objetivos humanitários, denominado Documento, de Montreux, que estabeleceu código de conduta para as empresas militares. Foram dele signatários Afeganistão, Alemanha, África do Sul, Angola, Austrália, Áustria, Canadá, China, Estados Unidos, França, Iraque, Polônia, Reino Unido, Serra Leoa, Suécia, Suíça e Ucrânia.[40]

II.14 - Reflexos no Brasil: empresas privadas de vigilância e transporte

A constituição das empresas militares e sua atuação em conflitos internacionais refletem tendência de descentralização do uso da força armada pelo Estado, uma de suas características fundamentais. O monopólio do uso da força deixou de ser apanágio do Estado. O Brasil rendeu-se à tendencia ao editar lei para regular as atividades das empresas de vigilância privada armada (Lei 7.102, de 20 de junho de 1981). A tarefa foi atribuída a empresas privadas ou ao próprio estabelecimento bancário, com pessoal treinado, em clara inclinação para o retorno da autodefesa privada. São empresas que preenchem lacuna do Estado

40 Sobre o tema, vide JOSÉ CARLOS DE MAGALHÃES, *O Mundo como empresa global*, Grua Livros, São Paulo, 2016; MÁRCIO FAGUNDES DO NASCIMENTO, *Uma perspectiva sobre a privatização do emprego da força por atores não estatais no âmbito multilateral*, Fundação Alexandre de Gusmão, Brasília, 2010; P. W. SINGER, *Corporate Warriors – The Rise of the Privatized Military Industry*, Cornell University Press, Ithaca e Londres; JEREMY SCAHILL *Blackwater – A Ascenção do Exército Mercenário mais Poderoso do Mundo*, Companhia das Letras, São Paulo, 2008.

na vigilância e segurança patrimonial de estabelecimentos privados.[41] A lei torna o serviço de vigilância armada obrigatório para os estabelecimentos financeiros, transferindo o encargo de segurança pública à parcela da Sociedade Civil envolvida. Para os estabelecimentos públicos foi-lhes conferida opção de se socorrerem das Polícias Militares para o desempenho da tarefa. Abre-se-lhes a possibilidade de se socorrerem de empresas privadas de vigilância, à semelhança das empresas financeiras privadas.

Embora ainda não se tenha notícia de constituição de empresas militares no país similares às americanas e russa, as de vigilância armada podem ser indício de acolhimento da tendência.

O Estado é, ainda, o principal protagonista da ordem mundial, e se adapta às modificações impostas pelos novos tempos, recorrendo a parcelas da Sociedade Civil para preencher lacunas ou favorecer oportunismos políticos, com o novo feudalismo inaugurado sob as vestes da empresa privada.

---

41 Lei 7,102 de 20.06.1981. Art. 1º É vedado o funcionamento de qualquer estabelecimento financeiro onde haja guarda de valores ou movimentação de numerário, que não possua sistema de segurança com parecer favorável à sua aprovação, elaborado pelo Ministério da Justiça, na forma desta lei.

Art. 3º A vigilância ostensiva e o transporte de valores serão executados:

I - por empresa especializada contratada; ou

II - pelo próprio estabelecimento financeiro, desde que organizado e preparado para tal fim, com pessoal próprio, aprovado em curso de formação de vigilante autorizado pelo Ministério da Justiça e cujo sistema de segurança tenha parecer favorável à sua aprovação emitido pelo Ministério da Justiça.

Parágrafo único. Nos estabelecimentos financeiros estaduais, o serviço de vigilância ostensiva poderá ser desempenhado pelas Polícias Militares, a critério do Governo da respectiva Unidade da Federação

PARTE III

A EXPLORAÇÃO ESPACIAL

III.1 – O fascínio do espaço extraterrestre

A atividade espacial extraterreste iniciada no século XX é ingrediente novo nas relações humanas, a reforçar a ideia de Humanidade e de congraçamento em torno do objetivo ambicioso. As suas divisões em Estados, etnias raciais, credos religiosos podem ser afetados pela noção de que a exploração espacial não é atividade exclusiva de um país ou de um grupo, mas de todos, da Humanidade. Nessa fase inicial, destaca-se a ação de grandes potências econômicas, com recursos suficientes para arcar com os custos da empreitada, como os Estados Unidos e a antiga União Soviética, pioneiros na aventura. Logo outros países e grupos privados se dispuseram a seguir a mesma trilha, como se verá adiante.

O aparecimento de objetos voadores não identificados (OVNI), mistério nunca desvendado, sempre intrigou a todos. Sua origem é atribuída a incursões de outros planetas situados a milhares de anos-luz. É frequente programas de televisão focalizarem pessoas com relatos de os terem vistos. A dramatização da invasão da Terra por naves espaciais narrada em estação de rádio em Nova Iorque por Orson Welles, em 30 de outubro de 1938, teve enorme repercussão, levando historiadores respeitados, como Joseph Campbell, professor da Universidade Washington, a examiná-la. Concluiu de ter sido exagerada a versão de a transmissão radiofônica ter criado pânico no país. Ainda que assim não fosse, foi episódio que marcou uma época e sempre lembrado da virtuosidade do ator e da crendice popular.

A arte do cinema não deixou passar despercebida as peripécias possíveis e imaginadas na ação espacial. O sucesso o filme “A guerra nas estrelas", em maio de 1977, reflete o pendor para a fantasia e a inclinação guerreira do ser humano. A inciativa do diretor George Lucas, autor do entrecho, teve enorme sucesso internacional, inspirando outros em sequências no mesmo teor e a criação de personagens do espaço, sempre em ações de embates bélicos. É sintomático imaginar que o contato com habitantes de outros planetas provoque confrontos guerreiros e não pacíficos. Creio ser reflexo da experiencia histórica das descobertas marítimas do século XVI e as invasões hostis a povos desconhecidos, como ocorreu no continente americano. O morticínio de habitantes da região das civilizações inca, maia e asteca pelos europeus ilustra a agressividade do invasor e a repulsa defensivas das populações invadidas.

O fascínio da Humanidade pelo mistério do espaço extraterrestre é retratado na exploração do tema em outros filmes de ação espacial. O filme, "Perdido em Marte", dirigido por Ridley Scott e protagonizado por Matt Demon, tem conteúdo diverso. Um dos tripulantes da nave que pousara em Marte, tido como morto em uma tempestade, lá permanece a cultivar batatas em ambiente dotado de oxigênio a permitir-lhe viver algum tempo, até ser resgatado. É a fantasia da arte do cinema como ante sala do desenvolvimento previsível.

O interesse pelos astros é antigo. Registram-se extensos estudos de astronomia desde os tempos remotos de todas as civilizações. Agora, outra etapa se inicia com a alocação no espaço sideral de potentes telescópios capazes de atingir planetas remotos e transmitir dados e informações para a Terra. Dentre eles destacam-se os Observatórios Espaciais, que contém conjunto de telescópios e instrumentos acessórios para realizar observações astronômicas não captadas a partir do planeta. Dentre eles sobressai o conhecido Telescópio Espacial Hubble, um satélite artificial lançado pela NASA, em parceria com a Agência Espacial Europeia (ESA), em 24 de abril de 1990, a bordo do ônibus espacial Discovery. Aponta-se que o telescópio espacial James Webb, lançado em 2021, é considerado sucessor do Hubble, tendo enviado imagens de estrelas e galáxias e de zonas próximas a buracos negros. Outros Observatórios Espaciais de destaque são o XMM, o Chandra, o Spitzer, o SOHO, o ISO e o Herschel.[1] O Telescópio Gamma-Ray, lançado em 2008, apresentou inovações para estudar o universo com

1 Referências: Neil English: *Space Telescopes - Capturing the Rays of the Electromagnetic Spectrum.* Springer, Cham 2017, ISBN 978-3-319-27812-4.

energia de alta frequência conhecida como raios gama, desenvolvido pela NASA em conjunto com diversos parceiros. Reporta-se que continuava em operação em 2018.

Além dos telescópios espaciais, há milhares deles instalados em diversos locais do planeta, cuja ação por vezes é dificultada pelas condições atmosféricas inadequadas. Segundo notícias da imprensa, estão em andamento obras para a instalação do maior telescópio do mundo para luz visível e visão infravermelho, no deserto de Atacama, no Cerro Amazone, Chile, com espelho de 39 metros[2]

Esse conjunto de mecanismos têm permitido ampliar a visão do universo, alcançando espaços longínquos a fornecerem subsídios para a identificação da origem da Terra e do próprio universo. A Física e a Astronomia avançaram. Constataram ser o sol apenas uma estrela ordinária localizada cerca de 27 mil anos luz do centro de nossa galáxia, como destaca o físico e astrônomo brasileiro Marcelo Gleiser, permitindo concluir a existência de multiverso e não apenas o universo. Há diversidade de mundos com características diversas, rochosos e gasosos, a serem desvendados. O tema é desenvolvido pelo Autor com profundidade com sua visão otimista da nova realidade e se destina a despertar nova consciência a influir nas escolhas que fazemos [3].

III.2 - O fim do céu mitológico[4*]

Ao explorar o céu e desnudar planetas, ir à lua, fotografar superfícies de planetas longínquos, a Humanidade desmitificou o conceito religioso do céu misterioso. Deixa à mostra tratar-se de mitologia que perdurou por milênios a presidir religiões e abrigar a vida eterna de almas, ao lado do inferno destinado a pecadores. Torna evidente tratar-se de mito acreditado como real por gerações, a olhar para o firmamento e nele localizar deus a pairar sobranceiro sobre o planeta e a população terrestre.

A exploração espacial, em pleno desenvolvimento, além de interferir com a crença religiosa, dando-lhe dimensão nova, abre novos horizontes para a Humanidade, às voltas com superlotação do planeta e a crise climática. Por isso, é oportuno abordar os diversos efeitos por

2 Flávio Ismerimda CNN , 11/07/2023 às 11:05 | Atualizado 12/07/2023 às 06:38, São Paulo

3 MARCELL GLEISER, *O Despertar do Universo Consciente – Um Manifesto opara o Futuro da Humanidade*, Editora Record, Rio de Janeiro, 2ª edição, 2024, p. 71 e 221,

4 * Versão anterior deste capítulo foi publicada em livro em homenagem ao Ministro Sidnei Agustinho Beneti, sob o título "A exploração espacial e do alto mar: um paralelo".

ela produzidos seja na área jurídica, seja, principalmente, nas relações internacionais, sem considerar o impacto no ideário religioso.

Ao olharmos para o céu com a profusão das estrelas, atualmente vistas somente em locais distantes das grandes cidades, percebemos a mobilidade dos satélites artificiais, a percorrer caminhos próprios no meio das estrelas fixas a cintilarem, mas sem se moverem. Estão na estratosfera, local improvável de vida humana. Era o que se acreditava em passado recente. Não mais. As estações interplanetárias, ocupadas por astronautas em trabalhos de exploração científica, deixaram de causar assombro. Tendem ao corriqueiro, como a experiência de casal de norte-americanos Butch Wilmore e Suni Williams enviado para estação espacial em 5 de junho de 2024, com retorno previsto para 12 do mesmo mês, ou seja, apenas uma semana de permanência no espaço. Problema com vazamento de hélio e falha em propulsores impediram o retorno. Em dezembro de 2024, o casal lá ainda se encontra à espera de resgate por alguma nave espacial. Segundo notícias da imprensa, a NASA programa enviar nave para o retorno apenas em março de 2025. Suas condições de saúde após tanto tempo no espaço, sem gravidade, é interrogação a ser verificada. Filmes de ficção científica tornaram-se peças de museu, diante da nova realidade

As sucessivas expedições aeroespaciais por diversos países e os estudos derivados de imagens transmitidas por tais artefatos permitem ao ser humano enxergar nova dimensão do universo. Segundo informes da NASA divulgados pela Internet, buracos negros e a descoberta de mais seis galáxias mais antigas verificadas no James Webb Space Telescope, permitiu constatar que o universo está em expansão. As descobertas astronômicas situam a Terra no universo, ao lado de galáxias recentemente percebidas a distâncias de bilhões de anos-luz. Incluem conceitos novos com termos não compreendidos por leigos em assuntos da Astronomia, como Nebulosa Carina, a 7,6 bilhões de anos-luz; o espectro de transmissão do WASP-96 b, um exoplaneta gigante a 1.150 de anos-luz da Terra, com a presença de água e composição da atmosfera; a Nebulosa do Anel Sul, uma nuvem de gás em expansão com quase meio ano-luz de diâmetro, descoberta em 1835 pelo astrônomo John Herschel; o Quinteto de Stephan, um grupo compacto de galáxias a 290 milhões de anos-luz e o SMACS 0723, um aglomerado de galáxias massivo que distorce a luz. As imagens dessas descobertas foram divulgadas ao público geral pela NASA[5]. Impressiona a nitidez das fotografias de montanhas tiradas a distâncias inimagináveis (7,6 bilhões de anos luz) e transmitidas pelo telescópio Webb.

III.3 - Breve histórico

Não obstante estudos de astronomia tenham produzido conhecimentos adquiridos ao longo de milênios e avanços significativos do sistema solar e dos planetas, o alcance físico do espaço cósmico sempre foi um desafio. A aviação no espaço atmosférico foi acontecimento de pouco mais de um século e a velocidade dos primeiros aviões era suficiente para manter o aparelho no ar. Ao longo do século XX chegou-se à velocidade supersônica até em voos comerciais com o Concorde, ora desativado, e o russo Tupolev Tu-144. Aviões militares caças supersônicos foram os primeiros e não causam mais a antiga sensação de novidade.

A exploração física do espaço extraterreste, todavia, era desafio não enfrentado até meados do século XX. No auge da Guerra Fria, o foco da atenção ao prestígio dos contendores, Estados Unidos da América e a antiga União Soviética, voltou-se para o espaço extraterrestre. A competição acirrada resultou no lançamento pela União Soviética, do satélite *Sputnik*, em 04 de outubro de 1957, o primeiro a percorrer a órbita extraterrestre. Foi feito notável a provocar alarido internacional pelo acontecimento inédito e a acirrar a competição pela exploração espacial.

A esse feito, outro se sucedeu, quatro anos depois, com o lançamento pelo mesmo país, em 12 de abril de 1961, da nave Vostok em órbita extraterrestre. Foi tripulada pelo cosmonauta Yuri Gagarin, o primeiro ser humano a dirigir nave espacial fora da atmosfera. Foram dois acontecimentos a marcar a história do desenvolvimento humano em área que sempre fascinou a Humanidade e alimentou sonhos de poetas e escritores e o trabalho incessante de astrônomos.

Os Estados Unidos, surpreendidos pelo sucesso soviético, então tido como país agrícola, logo reagiram. Apressaram-se em lançar seu primeiro satélite artificial, Explorer, em 31 de janeiro de 1958 e os denominados Vanguard, nas versões I, II e III.

Foi momento em que o mundo se voltou para a exploração espa-

5 https://webbtelescope.org/contents/news-releases/2022/news-2022-031

cial como novidade, da mesma forma que, no século XVI, assistiu a incursão pelo nebuloso e perigoso alto mar por navios armados por Portugal e Espanha. Em ambos os casos o mistério envolveu aventuras e o desconhecido. No século XX foram os Estados Unidos e a União Soviéticas os dois países que desenvolveram programas específicos para a exploração espacial. Os Estados Unidos centralizaram seus esforços na agência espacial NASA, fundada em 1958, com características não militares, dotando-a de recursos substanciais para financiar projetos espaciais. A União Soviética se antecipara e seu programa se iniciou em 1956, consagrando o pioneirismo de suas iniciativas extraterrestres. Em vez de centralizar a pesquisa e exploração espacial em uma única entidade, aquele país a distribuiu em diversos centros, acirrando, entre eles, competição por resultados.

As iniciativas não ficaram isoladas, logo outros países se aventuraram a empreender esforços para alcançar resultados similares. Todavia, não superaram logo os dois que a iniciaram durante a competição da Guerra Fria. O desenvolvimento dos programas espaciais permitiu alcançar a Lua e a colocação de estações espaciais com permanência no espaço de astronautas por períodos longos. A instalação de telescópios de grande alcance permitiu enxergar a superfície de satélites longínquos e propiciar experiências, incialmente com animais. Foi ainda a União Soviética que conseguiu enviar o primeiro objeto produzido na Terra ao solo da lua, em 13 de setembro de 1959. Após esses grandes feitos, dez anos depois, em 20 de julho de 1969, os Estados Unidos conseguiram fazer pousar na Lua a nave Apolo 11, pilotada pelos astronautas Neil Armstrong, Michael Collins e Buzz Aldrin. Foram os primeiros seres humanos a pisar no satélite. O acontecimento polarizou o interesse geral, inimaginável há algumas décadas antes.

Andar na Lua deixou de ser sonho de poetas e de visionários. Era realidade da etapa nova da Humanidade, tal qual fora a descoberta no século XVI das terras que se acreditava serem as Índias, alvo da empreitada arriscada em busca de rota alternativa à percorrida por Vasco da Gama. O também português, Fernão de Magalhães, estipendiado pela coroa espanhola, ampliou o horizonte, ao contornar o sul do continente americano e atravessar o estreito que lhe tomou o nome. Ao fim da travessia descobriu a planície marítima calma, que denominou de Oceano Pacífico. Era o contraste entre o turbulento estreito que atravessara em longos dois meses, com sua pequena embarcação, com paradas para reabastecimento e enfrentamento de hostilidades de indígenas e a calmaria do largo oceano à sua frente. Não sobreviveu à aventura, vitimado por silvícolas a atacar tripulantes de suas embarcações. Os dois meses da travessia no século XVI contrasta com o de uma única noite no século XX, percorrido por navios de grande tonelagem.

Américo Vespúcio, após as expedições de Cristóvão Colombo, constatara não se tratar de ilha ou da Índia, como se acreditava, e sim um novo continente, o Novo Mundo, denominação da época a indicar novo espaço terrestre desconhecido, em contraposição ao conhecido. A correção tempestiva inspirou a denominação definitiva do novo continente para América, em homenagem a quem corrigiu o equívoco da descoberta. Ficou, todavia, a denominação de índios aos habitantes da região que se acreditava ser a Índia.

Alcançar e pisar na lua produziu o mesmo efeito de euforia com o sucesso da empreitada arriscada e inédita. Quinhentos anos separam as duas aventuras inspiradas pela mesma ousadia de enfrentar o desconhecido. Após esse sucesso, seguiu-se o lançamento da Apolo 12, atingida por raios, sem maiores repercussões, não a impedindo de protagonizar a segunda alunissagem em 14 a 24 de novembro. de 1969. A Apolo 13, embora tenha chegado ao satélite e realizado voo em sua órbita, não conseguiu pousar, em virtude de explosão no foguete propulsor. Retornou sem repetir o sucesso das anteriores.

Outras iniciativas se sucederam com a construção de veículo para deslocamento no solo da lua, lançado com a Apolo 14. O sucesso da nova empreitada provocou entusiasmo dos astronautas pelo êxito da sua contribuição para a Humanidade, como se referiram várias vezes ao episódio de que foram protagonistas. Não se regozijaram, como cidadãos de seus países, mas como integrantes de sua espécie no cosmo celeste.

O acontecimento, filmado e transmitido pela televisão, demonstra a convicção dos astronautas de atuarem em prol da Humanidade, beneficiária de suas atividades cósmicas. Pode parecer algo trivial, mas é sintomática a mentalidade do astronauta de se vincular à Humanidade - e não a seu país - em ação no espaço sideral. É a consciência geral do novo ciclo histórico em marcha.

III.4 – A corrida espacial e a ONU

A atenção generalizada com a iniciativa inovadora logo despertou temores de sua utilização não pacífica. Afinal o espectro dos experimentos atômicos por diversos países assustava como ameaça perene. O precedente do lançamento de bombas atômicas em Nagazaki e Hiroshima pelos Estados Unidos na guerra com o Japão era fato a ser considerado. Sobretudo o acirramento da Guerra Fria a provocar enfrentamento das duas superpotências e pelos países sob suas influências.

Foi esse o cenário da época a despertar temores sobre o desenvolvimento do programa nuclear por duas superpotências nucleares. Constituiu o pano de fundo da atuação da Assembleia Geral da ONU, ao aprovar, com certa antecipação, diversas resoluções para disciplinar a exploração do espaço sideral. O temor recíproco das potências líderes da Guerra Fria teve o efeito salutar de impor reflexão madura sobre o uso e destino possível do espaço cósmico e dos corpos celestes. Prevaleceu o bom senso coletivo a inspirar a aprovação de medida legislativa destinada a frear eventuais arroubos de efeitos catastróficos.

Adiantando-se à eventual primazia entre os dois contendores, a Assembleia Geral da ONU conseguira aprovar, em 13 de dezembro de 1963, por unanimidade, a "*Declaração dos princípios jurídicos reguladores das atividades dos Estados na exploração e uso do espaço cósmico*". Dois meses antes, havia aprovado a resolução nº 1984, de 17 de outubro de 1963. Registrava a preocupação latente em todos os países, com o uso de artefatos bélicos no espaço. Estimulou os Estados a se absterem de colocar em órbita objetos dotados de armas nucleares ou de arma de destruição em massa e de as instalar em corpos celestes.

Foi iniciativa que contou com a boa vontade de todos os países, desejosos de evitar confrontos nucleares e bélicos em área desconhecida. O interesse mútuo das superpotências em evitar o uso do espaço cósmico em ações bélicas pode ter sido o móvel a inspirar a aprovação, em 27 de janeiro de 1967, do Tratado sobre Princípios Reguladores das Atividades dos Estados na Exploração e Uso do Espaço Cósmico, inclusive a Lua e demais Corpos Celestes[6]. (o Tratado)

Em 29 de março de 1972 o Tratado foi complementado pela Con-

6 O Brasil ratificou-o pelo Decreto Legislativo nº 41, de 02 de outubro de 1968 e objeto do Decreto nº 64.362, de 17 de abril de 1969.

venção sobre Responsabilidade Internacional por Danos Causados por Objetos Especiais,[7] que regula as hipóteses em que o Estado é responsável por danos causados por artefatos lançados no espaço registrados no país. São dois instrumentos que precederam o desenvolvimento da exploração espacial sob diversas formas.

Consagraram, pela unanimidade alcançada, princípios de interesse da Humanidade e limitou os efeitos da ação humana no espaço cósmico, com a qualificação jurídica da Lua e demais corpos celestes como *res communis*, ou seja, coisa comum a todos, e não como *res nullius*, coisa de ninguém, consoante noção corrente do Direito Internacional clássico. Com isso impede a apropriação ou invocação direitos de propriedade ou proclamação de soberania por qualquer país. É o que ficou convencionado no artigo II da Convenção sobre exploração do espaço Cósmico: *"O espaço cósmico, inclusive a Lua e demais corpos celestes,* ***não poderá ser objeto de apropriação nacional por proclamação de soberania****, por uso ou ocupação, nem por qualquer outro meio."*

O Tratado alterou princípios tradicionais de Direito Internacional sobre o direito de ocupação de áreas desconhecidas ou inexploradas. Reconheceu-se a nova configuração da ordem internacional, já delineada em outros instrumentos internacionais, a extrapolar o interesse dos Estados em prol da prevalência do geral de toda a Humanidade É o que inspirou a Convenção do Mar a conferir a condição de patrimônio da Humanidade o solo e subsolo marítimo, precedente que perdura. Foi fruto da consciência da necessidade de lhes retirar a prerrogativa de exercerem soberania sobre áreas não exploradas por qualquer outro. Os conflitos armados do passado com a descoberta das terras do então Novo Mundo podem ter sido o substrato inconsciente da nova configuração.

Não foi ato isolado. A Ordem Internacional vinha evoluindo e se acelerara após o término da II Guerra Mundial, com a constatação da incapacidade de os Estados assegurarem a paz, a requerer novas ações para alcançar esse desiderato. A constituição da ONU foi marco que permanece na consciência dos povos, a despeito de percalços próprios da dinâmica das relações internacionais e de aspirações de poder de dirigentes estatais, com suas tentativas de solapar suas ações.

7 Ratificado pelo Brasil, pelo Decreto Legislativo nº 77, de 1 de dezembro de 1972, conforme Decreto nº 71.981, de 22/03/1973.

III.5 - A exploração espacial e a Humanidade

O foco do Tratado sobre a exploração do espaço cósmico é a Humanidade como entidade a ser protegida pelo Direito, como consagrado pela Assembleia Geral da ONU. Eram novos tempos a impor novo regramento. O Tratado alterou critério tradicionalmente adotado como norma de Direito Internacional de reconhecimento de soberania do país sobre território não ocupado por outro. Era a antiga noção do *res nullius* a assegurar o direito de apropriação de terras sem dono e de conquista de territórios não ocupados por outro Estado. Era costume corrente reconhecido no século XVI, registrado como norma de Direito pelos fundadores do Direito Internacional, Hugo Grócio, dentre eles: "A aquisição original outrora, quando o gênero humano podia se reunir, pode ter tido lugar por meio de uma partilha, como dissemos. Hoje em dia, realiza-se somente por ocupação". [8]

O conceito se manteve até meados do século XX, como nota J. L. Brierly, ao reproduzi-lo: "A soberania sobre o território pode adquirir-se por ocupação, por prescrição, por cessão, por conquista e por acessão."[9]

A crise latente entre Argentina e Reino Unido da Grã-Bretanha sobre as ilhas Malvinas/Falklands, deriva dessa noção. Entende o Reino Unido que as ilhas tinham sido abandonadas pela Espanha, tornando-se *res nullius* e, assim, regidas pelo direito de ocupação. A Argentina as considera sob sua soberania como sucessora da Espanha. A norma internacional clássica desconsiderava os habitantes desses territórios, não protegidos pelo Direito Internacional.

As terras descobertas no Novo Mundo, no século XVI, estavam submetidas a esse regime. Assegurou o domínio de Portugal e da Espanha sobre a região, com os embates provocados por pretensões conflitantes de outros países e de guerras. A Inglaterra e França disso se valeram para ocupar a parte norte e porções do sul do continente recém-descoberto, atuais Estados Unidos e Canadá, e subjugar a população indígena local. Espanha conseguira manter o território do México, sob seu

---

8 HUGO GRÓCIO, *O Direito da Guerra e da Paz*, Editora Unijui, 2004, Rio Grande do Sul, coordenado pelo Prof. Arno Dall Ri Júnior, p.342 e segs.

9 J. L. Brierly, *Direito Internacional*, Fundação Calouste Gulbenkian, Lisboa, 1963, p. 170; no mesmo sentido, *The Law of Nations*, HerberT W. Briggs, Appleton Century-Crofts, Nova Iorque, 1938, p. 240.

domínio, e o sul do continente, juntamente com Portugal, com a posse das terras do atual Brasil, além das Guianas da França e da Inglaterra.

O mundo mudou. A Humanidade evoluiu atormentada pelas atrocidades cometidas nas duas guerras mundiais, em paralelo às regionais, ainda a perturbar a convivência pacífica dos povos, como traço característico do ser humano.

As circunstâncias que envolveram os atos iniciais da exploração espacial podem ter contribuído de maneira decisiva para o acatamento dos novos princípios a reger a iniciativa encetada. Os efeitos das duas guerras mundiais, os experimentos atômicos e a Guerra Fria marcaram profundamente a sociedade internacional. A noção da Humanidade haveria que prevalecer sobre divisões políticas, religiosas e étnicas.

É o que o Tratado registrou logo no artigo I:

> "A exploração e o uso do espaço cósmico, inclusive da Lua e demais corpos celestes, só deverão ter em mira o bem e interesse de todos os países, qualquer que seja o estágio de seu desenvolvimento econômico e científica, e **são incumbência de toda a humanidade.**
>
> O espaço cósmico, inclusive a Lua e demais corpos celestes, poderá ser explorado e utilizado livremente por todos os Estados sem qualquer discriminação em condições de igualdade e em conformidade com o direito internacional, **devendo haver liberdade de acesso a todas as regiões dos corpos celestes.**" (negrito adicionado)

O foco na Humanidade constitui desenvolvimento inovador do Direito Internacional já reconhecido em outros tratados, a revelar o amadurecimento da comunidade internacional com a superação de lealdades nacionais, religiosas e étnicas, em prol de todos[10]. É verdade que ainda há resistências e insistência de autoridades estatais em preservar padrões tradicionais de soberania nacional. Todavia, a tendência se fortalece, com a reiteração de atos com o mesmo conteúdo, a indicar a superação da organização internacional fundada em Estados, a ser substituída por outro modelo ainda não definido.

É o caso do Tratado da Antártica, celebrado em 01 de dezembro de 1959, marco histórico, fruto de intensas negociações, com o aprofundamento da tendência que caracteriza o novo viés da comunidade

---

10 Sobre o tema, vide JOSÉ CARLOS DE MAGALHÃES, *Direito Econômico Internacional,* Juruá Editora, Curitiba, 2ª Edição, 2016, p. 56 e segs.

internacional. Regula a utilização da Antártida para fins exclusivamente científicos e pacíficos no interesse da Humanidade e não dos Estados que o firmaram. Seu escopo é proteger área de interesse comum da Humanidade, embora celebrado apenas por países cujas projeções territoriais alcançam aquele território (Argentina, Austrália, Bélgica, Chile, Estados Unidos, França, Japão, Nova Zelândia, Noruega, Reino Unido da Grã-Bretanha e Irlanda do Norte, Rússia e União da África do Sul). O Tratado reconhece "***ser de interesse de toda a humanidade*** *que a Antártida continue para sempre a ser utilizada exclusivamente para fins pacíficos e não se converta em cenário ou objeto de discórdias internacionais". Por essa razão proíbe ações militares ou instalações, bases e fortificações ou manobras militares*" (artigo I).[11]

Foi mais um precedente a denotar a evolução do Direito Internacional para novo patamar, a desconsiderar interesses particulares de Estados, em prol do geral da Humanidade. A ameaça atômica pode ter contribuído para a aprovação de texto a traduzir a expectativa da comunidade internacional sobre o novo rumo das relações entre os povos. Reconheceu a integração do ser humano na Humanidade e não sua nação ou grupo étnico, religioso ou social, qualquer que seja. Foi o acordado no artigo V, ao dispor que os astronautas serão considerados enviados da Humanidade.

O preceito parece ter sido escrito por poeta inspirado por musa mitológica ou pregador religioso esperançoso na concretização do ideário de harmonia entre os seres humanos, como integrantes de uma mesma entidade, a Humanidade. Traduz sentimento geral a pairar na Assembleia Geral da ONU, com a unanimidade dos países.

III.6 - A exploração marítima no século XVI

A aventura marítima iniciada ou aprofundada no século XVI oferece paralelo inevitável com a atividade espacial desenvolvida no século XX. É mais uma das características a identificar períodos históricos recheados de acontecimentos que influenciaram decisivamente o curso da dinâmica social e a própria Humanidade.[12] No século XVI prevale-

11 O Brasil ratificou o Tratado pelo Decreto Legislativo nº 56, de 29 de junho de 1975 e objeto do Decreto nº 75.963, de 11 de julho de 1975.

12 Sobre o paralelo entre os séculos XVI e XX, vide JOSÉ CARLOS DE MAGALHÃES, *O mundo como empresa global,* Grua Livros, São Paulo, 2016, p. 12 e seguintes.

cia o interesse de cada Estado na esfera internacional, não se cogitando de abranger princípios ou expectativas a afetar a Humanidade como um todo. Cada país cuidava de si e de seu povo, dentro de seu território e dos que conquistara.

As normas internacionais em fase de elaboração para regular a exploração marítima derivavam do interesse dos países na atividade. Portugal e Espanha eram os que, naquele período, mais se destacavam na área e responsáveis pelos descobrimentos de rotas comerciais que conduziam às Índias Ocidentais. Era o que inicialmente se acreditava ser aquela região desconhecida. Verificou-se, depois, tratar-se de Novo Mundo, outro continente, como constatou o florentino Américo Vespúcio, que lhe valeu a homenagem com a denominação de América às terras descobertas.

O Direito Internacional nascia sob os auspícios de pretensões nacionais e do poder político e militar das potências prevalecentes. Por mais que se negue sua característica eurocêntrica, é inegável que traduz princípios cristãos acolhidos pela generalidade dos Estados ocidentais, de tradição greco-romana-judaico-cristã. É a predominância da civilização incorporada e alargada pelo Império Romano, espalhado por grande parte do planeta, deixando sua marca, a perdurar. O calendário adotado nas relações internacionais mantém, em sua cronologia, a data de celebração religiosa cristã, a prevalecer sobre o de outros credos religiosos ou culturas.

Francisco de Vitoria, um frei católico do século XVI, um dos precursores do Direito Internacional, advogava como legítima a pretensão de seu país, a Espanha. de negociar com indígenas no Novo Mundo e extrair madeira que lhes convinha. O argumento em que se fundava era o de serem as florestas exploradas obra de deus e não deles, selvagens. Não tinham aqueles habitantes o direito de dela se apropriarem com exclusividade. Os espanhóis poderiam explorar os recursos naturais da região então recém-descoberta pelos europeus como bem lhes aprouvesse.

Era o direito natural de quem ocupava território habitado por pessoas incapazes de se defender e de usufruir recursos naturais do torrão em que viviam. Foi o mesmo raciocínio de La Pradelle, em artigo do início do século XX, em que sustentava ser direito de os europeus invadirem a China para extrair recursos naturais não explorados por esse país.[13] Hugo Grócio, um dos principais juristas a desenvolver o então novo ramo do Direito, advogava, em exposição doutrinária, tese favorável ao seu país, a Holanda, de liberdade dos mares, o *mare liberum*. Contrariava pretensão das rivais, Espanha e Inglaterra, que contavam com o apoio de outro jurista, o inglês John Selden, em defesa de tese oposta, a do *mare clausum*. Teóricos do Direito a defender teses favoráveis a seus Estados nacionais como normas de Direito internacional a serem observadas. Acabou por prevalecer posição conciliatória do mar territorial (*mare clausum*), com a largura do tiro de canhão, três milhas marítimas, sob jurisdição do Estado costeiro e liberdade do alto mar.

O conceito persiste acolhido pelo costume internacional retratado, quatrocentos anos depois, na Convenção do Mar, a reconhecer o mar territorial (*mare clausum*) com largura mais ampla, de 12 milhas marítimas,[14] ao lado da zona econômica exclusiva e do alto mar, com o regime de liberdade (*mare liberum*). O germe da controvérsia, contudo, está lá, naquele período inicial do século XVI, da exploração marítima a contrapor pretensão particular de países, apregoada por juristas como normas de Direito Internacional.

O oceano era área de grande interesse dos países, então, atores exclusivos da ordem internacional. Armar grandes embarcações para explorá-lo requeria recursos não disponíveis a empresas privadas, tal como os necessários para a exploração espacial até o final do século XX e princípios do século XXI. As aventuras marítimas de Vasco da Gama, Pedro Álvares Cabral, Cristóvão Colombo, Bartolomeu Dias, Fernão de Magalhães, Américo Vespúcio, dentre outros, contaram com o patrocínio de reis. Os rincões descobertos eram de propriedade dos países patrocinadores. As terras do Novo Mundo, a América, eram *res nullius*, pertenciam a quem as descobrisse e tivesse condições de as defender de invasores. Os selvagens que as habitavam eram povos vencidos, sem condições de fazer valer direitos sobre a terra e os recursos por ela pro-

13 LA PRADELLE, "La Question Chinoise", in Revue Génerale de Droit International, vol. 8, Paris, p. 272-340.

14 Convenção do Mar: Largura do mar territorial. Art. II -Todo Estado tem o direito de fixar a largura do seu mar territorial até um limite que não ultrapasse 12 milhas marítimas, medidas a partir de linhas de base determinadas de conformidade com a presente Convenção.
No Brasil a largura do mar foi fixada pela Lei Nº 8.617, de 04 de janeiro de 1993. Art. 1º O mar territorial brasileiro compreende uma faixa de doze milhas marítima de largura, medidas a partir da linha de baixa-mar do litoral continental e insular, tal como indicada nas cartas náuticas de grande escala, reconhecidas oficialmente no Brasil.

piciados. Não participavam dos povos ou das nações "civilizadas" incapazes de se autogovernarem entendimento predominante ainda na época da constituição da ONU[15], em 1945. O direito de conquista era assegurado pelas normas do Direito Internacional então vigente.

O sistema colonial era consagrado a justificar a submissão de populações conquistadas, noção que perdurou até meados do século XX, já modificado pelo regime da tutela previsto na carta da ONU,[16] em substituição ao do protetorado da Liga das Nações. A descolonização empreendida pela ONU na década de 1960 fez terminar de vez a antiga prática, ao reconhecer a autodeterminação dos povos como norma positiva de Direito Internacional registrada no Pacto Internacional dos Direitos Econômicos, Sociais e Culturais, aprovado pela ONU em 1966[17]. É fato conhecido que, naquele período, século XVI, a Espanha, sob o rei Filipe II, em continuação à política de seu pai, Carlos V, da casa dos Habsburgos, exercia grande poder na Europa e dominava porção significativa do Novo Mundo, juntamente com Portugal. Foram os países que desbravaram o desconhecido e perigoso alto mar, a inspirar poetas como Fernando Pessoa, a revelar quão penosas foram as aventuras marítimas de então:

"Ó mar salgado, quanto do teu sal
São lágrimas de Portugal!
Por te cruzarmos, quantas mães choraram,

---

15 A noção de "nações civilizadas" consta do art. 38 do Estatuto da Corte Internacional de Justiça, como uma das fontes do Direito Internacional - Artigo 38 - 1. A Corte, cuja função seja decidir conforme o direito internacional as controvérsias a ela submetidas, deverá aplicar; 4. os princípios gerais do direito reconhecidos pelas nações civilizadas; O termo "civilizadas" foi severamente criticado pelos países novos, reconhecidos como Estados no processo de descolonização empreendido pela ONU. Atualmente, tem-se evitado o uso do adjetivo, fazendo-se referência apenas às "nações".

16 Aprovada em, 1945, a Carta da ONU ainda considerava populações incapazes de se administrar, dependendo de Estados tutores:

Artigo 73. Os Membros das Nações Unidas, que assumiram ou assumam responsabilidades pela administração de territórios cujos povos não tenham atingido a plena capacidade de se governarem a si mesmos, reconhecem o princípio de que os interesses dos habitantes desses territórios são da mais alta importância, e aceitam, como missão sagrada, a obrigação de promover no mais alto grau, dentro do sistema de paz e segurança internacionais estabelecido na presente Carta, o bem-estar dos habitantes desses territórios e, para tal fim, se obrigam a: *omissis*

17 Pacto Internacional dos Direitos Econômicos, Sociais e Culturais (1966)

Artigo 1º - 1. Todos os povos têm direito à autodeterminação. Em virtude desse direito, determinam livremente seu estatuto político e asseguram livremente seu desenvolvimento econômico, social e cultural.

Quantos filhos em vão rezaram!
Quantas noivas ficaram por casar
Para que fosses nosso, ó mar!
Valeu a pena? Tudo vale a pena
Se a alma não é pequena.
Quem quere passar além do Bojador
Tem que passar além da dor.
Deus ao mar o perigo e o abismo deu,
Mas nele é que espelhou o céu.

A América espanhola era foco de atenção para a extração de metais preciosos, transportados por navios para a Espanha. O oceano, se despertava o imaginário de poetas, era também, e sobretudo, o grande meio de transporte de pessoas e de mercadorias para áreas por ele separadas de outras regiões. Os navios espanhóis carregados de metais vindos da América financiavam as guerras religiosas empreendida pelo rei.

A Inglaterra, rival da Espanha, sob a rainha anglicana Elizabeth I, era incapaz de afrontar esse domínio, não obstante sua expressiva vitória ao impedir a invasão programada pela Espanha. Era o auge do Império dos Habsburgos, mantido por Carlos V, que entronizara o irmão Maximiliano como Imperador do Sacro Império Romano Germânico. Associado ao Papa e seu então poderio militar, o Império dos Habsburgos, fragmentado em diversas áreas, como Países Baixos e Alemanha. Ansiava ampliar seu poder para o Novo Mundo, recém-descoberto. A exploração das riquezas dessa região era o grande trunfo para o financiamento de guerras religiosas e das necessidades do reino espanhol.

A intensa movimentação marítima despertou a atenção de agentes independentes, ávidos por presas em alto mar. Eram os piratas a atazanar capitães de navios e a usurpar cargas valiosas. Eram atores que já atuavam no mar costeiro, desde a antiguidade, impunemente, e que começavam a se aventurar em alto mar, protegidos pelas dificuldades da navegação e pela distância da costa. Suas ações se refletiam nas relações internacionais, ao agirem clandestinamente, à margem das leis nacionais ou em área fora da jurisdição de qualquer país. Disso se prevaleceu a rainha Elizabeth I da Inglaterra, ao emitir carta de corso a piratas a ela fiéis, dentre os quais o notório Francis Drake, agraciado com o título de cavaleiro, por assaltar navios espanhóis e aportar cargas para a Inglaterra. A carta de corso desqualificava o seu portador da condição de pirata e o reconhecia estar a serviço da rainha. Mas constituía exceção. Os piratas agiam por conta própria, com os riscos da empreitada.

A pirataria, execrada em todos os lugares, era favorecida pela dificuldade de a combater com eficácia. Piratas como John Hawking[18] se destacavam e outros chegaram a ocupar ilha no Caribe onde fundaram república sob seu manto. Era atividade que favorecia a Inglaterra e enfraquecia a Espanha, então a potência mais poderosa da época. Os recursos pilhados na América do Sul eram alvo preferido de piratas, impedindo Filipe II de os receber.

O desenvolvimento da técnica da navegação e a colaboração dos países para o combate da atividade conseguiram eliminar a prática, vez ou outra ressuscitada em ações esporádicas. Atualmente, ressurgiram na Somália, valendo-se da desorganização do país e da falta de estrutura para reprimir ações clandestinas e ilícitas. Parte da população empobrecida, constituída em maior parte por pescadores, viu-se compelida a se organizar para combater a ação de navios pesqueiros estrangeiros de grande porte. A ação desses navios resultava no abalroamento de embarcações pesqueiras menores, além do corte e rompimento de redes de pesca dos barcos de pescadores locais. Desassistidos de proteção governamental, começaram a reagir por conta própria com a abordagem de navios e a pilhagem de bens e dinheiro. A ação, inicialmente defensiva e impune, estimulou novas aventuras, com o sequestro de pessoas, geralmente turistas, em navios de grande porte, com pedidos de resgate. Desalojavam tripulantes e passageiros e os transferiam para suas próprias e inadequadas embarcações para serem deixados em alguma ilha. Os pescadores transformados em piratas contaram, posteriormente, com a participação de parcelas da população, atraídas pelo sucesso econômico da aventura naval.

Diferentemente do que ocorria no passado, os piratas somalis têm base em terra, acobertados pela população que lhes auxilia na organização de novas investidas. O êxito da empreitada permitiu-lhes adquirir aparelhos eletrônicos dotados de tecnologia da informação, como o sistema de GPS.

Alertado pelas ações que se avolumaram a partir de 2008, o Conselho de Segurança da ONU aprovou, por unanimidade, em 31 de maio

18 Sobre a atividade de John Hawking e Francis Drake, dentre outros como piratas a serviço da rainha Elizabeth I, vide *A Rainha Pirata*, de SUSAN RONALD, tradução de Mário Dias Correia, Editora Harper Collins, 1ª edição, 2008.

de 2022, a Resolução 2634, sobre segurança marítima no Golfo da Guiné, retomando a anterior de 2012, que não produzira resultados. O objetivo foi tentar debelar a ação de piratas na área, com a exortação de colaboração dos países da região para a atuarem contra a prática e evitar outras a repetição de ações similares.

Segundo o GEOO Boletim Geocorrente, nº 165, de 06 de julho de 2022, uma publicação quinzenal do Núcleo de Avaliação da Conjuntura (NAC), vinculado à Superintendência de Pesquisa e Pós-Graduação da Escola de Guerra Naval do Brasil, o roubo e a pirataria na região ameaçam mais de mil navios que cruzam o Golfo da Guiné. Há preocupação sobre o emprego dos recursos obtidos com a ação pirata para atos de terrorismo na região.

O oceano foi palco de guerras, de pirataria e de intenso comércio ao longo dos quatro séculos que o separam de sua exploração no século XVI, sem considerar o período anterior que remonta à pré-história, limitada ao mar costeiro. A exploração do alto mar era aventura ousada em incursões ao espaço então desconhecido. Acreditava-se que terminava, abruptamente, em precipício. Inicialmente trafegado apenas por embarcações públicas, foi invadido, ao longo do tempo, por navios de empresas privadas de transporte de mercadorias, de passageiros e de lazer, objeto de cruzeiros marítimos, tornando-se meio indispensável de comunicação entre povos, ampliando uso tradicional registrado desde a Antiguidade, quando limitado ao mar adjacente à costa.

A navegação costeira, de prática antiga de todos os tempos, pode ser comparada à da aviação no espaço da atmosfera iniciada apenas no começo do século XX, graças à invenção do brasileiro Santos Dumont, com suas iniciativas em Paris, em voos por ele tripulados.

Somente no século XX é que foi acordada a Convenção do Mar (Convenção de *Montego Bay*), a estabelecer princípios que o regem, com o reconhecimento do mar territorial, ao lado da plataforma continental e da zona econômica exclusiva. O solo e subsolo marinho foi considerado patrimônio da Humanidade, sob administração da Autoridade, entidade independente, não sujeita a qualquer Estado. Nem todos os países a assinaram, a exemplo dos Estados Unidos. Contudo, firmou-se como costume internacional de observância compulsória.

III.7 – A exploração do espaço cósmico

A exploração espacial foi iniciada em quadro diverso da exploração marítima. O mundo não tem a mesma configuração de outrora. Sofre ainda o trauma provocado pelas duas guerras mundiais, o espectro das armas de destruição em massa e dos experimentos atômicos. Guerras isoladas regionais ainda atormentam a Humanidade, a revelar traço a caracterizar o ser humano em todos os tempos e em todas as civilizações.

Não obstante, o mundo tomou feição diversa com a nova configuração dos Estados não mais dotados da antiga soberania, desde que passaram conviver com organizações internacionais e outros atores, aos quais se subordinam. A noção do interesse maior da Humanidade e da sobrevivência dos povos no planeta ameaçado por conflitos armados, pela poluição e pelo temor de guerra nuclear pode ter sido o estímulo para a aventura espacial. O Tratado sobre a Exploração do Espaço Cósmico é reflexo dessa alteração. Sua aprovação precedeu os avanços na exploração espacial.

As expedições iniciais foram realizadas por meio de foguetes para a colocação de satélites artificiais em órbita terrestre no espaço sideral. Os dois países que protagonizavam o experimento empreenderam custosas pesquisas e construções de ogivas e espaçonaves, em processo por vezes interrompido, como o verificado nos Estados Unidos, com prosseguimento do programa da União Soviética. Registro de fracassos e desastres vitimaram astronautas. As naves espaciais dotadas de propulsores que as levam à orbita espacial têm retorno programado para caírem em local seguro, afastado de centros urbanos, geralmente no meio do oceano ou do deserto.

Além das naves e ônibus espaciais, os dois países desenvolveram projetos de construção de estação espacial estacionária, destinada a permanecer no espaço e abrigar astronautas em missões de exploração científica e experimentos técnicos. São levadas por naves espaciais e montadas por astronautas. Uma das suas finalidades tem sido a de apurar os efeitos no corpo humano da ausência de gravidade por longo período, após experimentos com animais.

Os dois países, após avanços e recuos, chegaram a entendimento para colaborar na construção e operação dessas estações. Para a tarefa, outros foram convidados para colaborar, dentre eles o Brasil, excluído por não ter apresentado a tempo resultados técnicos de sua incumbência. A China não participou desses entendimentos e desenvolve seu próprio programa. Lançou, em ação isolada, estação espacial tendo nele permanecido astronauta durante 06 meses, retornado à Terra em abril de 2022, sem alarde.

O programa espacial organizado por Estados para exploração de outros planetas e estudos científicos passou a contar com novo componente: a empresa privada. Tal como na exploração do mar, inicialmente por embarcações armadas por Estados, a empresa privada imiscuiu-se na aventura, a começar com o lançamento de satélites artificiais dotados de equipamentos alimentados por energia solar. Têm finalidade diversa dos satélites estatais e se destinam a prestar serviços de informação, transmissão de dados e de comunicação, como o propiciado pela Internet, com a emissão de sinais para aparelhos específicos de variada ordem. Fazem elo entre o espaço e a Terra a gerir atividades de que o mundo se tornou dependente. É o caso do sistema de posicionamento global, conhecido pela sigla GPS (General Position System) e os de fins meteorológicos para a previsão do tempo. Inúmeras outras tarefas dependem dos sinais emitidos por satélites operados por empresas privadas, como os destinados a operar telefones celulares, televisão, rádio, computadores, tabletes e outros, a integrar a rotina urbana e rural de todo o planeta como instrumentos essenciais de pesquisa, comunicação e de entretenimento. Atualmente, contam milhares de satélites artificiais, grande parte dos quais lançados por empresas privadas.

Dentre elas destacam-se as que operam artefatos siderais que monitoram atividades no solo, seja na área industrial, para a instalação de usinas ou estabelecimentos industriais e outras iniciativas, seja na agricultura, com informações sobre clima, propagação de pragas e outras. Função relevante é a relacionada à defesa e à inteligência artificial, ora em franca ascensão pelas empresas de comunicação e de administração de redes sociais. Além dessas atividades há as propiciadas pelo uso do Radar de Abertura Sintética, conhecida pela sigla em inglês (SAR), em operação há mais de 30 anos no monitoramento das mudanças climáticas.

Reporta-se existirem mais de 15 estruturas espaciais em que estão instalados radares, a auxiliar em levantamentos topográfico, incêndios florestais, inundações e outros acontecimentos no solo terrestre. Esses satélites, além da colaboração no desenvolvimento de atividades pacíficas, têm sido utilizados em conflitos armados, com a transmissão de informações sobre movimentação de tropas e de mobilização de tanques e caminhões militares. Embora seja proibido o uso do espaço para fins militares, o emprego desses artefatos destinados à Terra pode não estar abrangido pelas normas do Tratado, pois não se referem às atividades espaciais e sim ao envio de sinais ao solo terrestre. Não se registra, ainda, embates no espaço cósmico a envolver pessoas com base em artefatos enviados da Terra.

A atividade incessante e diuturna dos satélites artificiais, com os benefícios que propiciam, apresenta outra face, a da desativação de equipamentos por obsolescência ou defeito, ficando à deriva no espaço sideral, ou atraídos pela gravidade, onde são destruídos pelo impacto com a atmosfera. Os detritos que permanecem a gravitar constituem o que se convencionou denominar "lixo espacial", com risco de colisão com estações ou com outros satélites artificiais.

A possibilidade de danos causados por satélites foi objeto da Convenção sobre Responsabilidade Internacional por Danos Causados por Objetos Espaciais, concluída em, Washington e Moscou a 29 de março de 1972[19]. Nela se previu a responsabilidade objetiva do Estado lançador, com pagamento do valor dos danos causados na superfície terrestre (art. 2º). Se, todavia, os danos ocorrerem no espaço, a responsabilidade do Estado lançador dependerá de apuração de sua culpa ou das pessoas pelas quais seja responsável (art.3º). Assim, se o dano for causado na Terra, com a queda do satélite ou detritos no meio urbano, com danos a pessoas ou bens, responde o Estado lançador, independentemente de culpa. Já se o dano ocorrer no espaço, nesse caso o Estado lançador e pessoas físicas ou jurídicas envolvidas no lançamento responderão solidariamente por culpa comprovada.

O pedido de reparação deverá ser feito ao Estado lançador responsável no prazo de um ano e resolvido por meios diplomáticos. Se houver controvérsia, a questão deverá ser submetida a Comissão de Reclamações composta por 03 membros, um nomeado pelo Estado demandante, um pelo lançador e um terceiro que será o Presidente escolhido pelos dois Estados. Em caso de desacordo, a nomeação será feita pelo

---

19 Ratificada pelo Brasil pelo Decreto Legislativo nº 77, de 01 de dezembro de 1972 e objeto do Decreto nº 71.981, de 22 de março de 1973.

Secretário Geral das Nações Unidas.

Com a participação de empresas privadas na exploração espacial, as regras sobre a responsabilidade por danos causados por aeronaves espaciais por elas enviados ao espaço se aplicam ao Estado lançador. Não há, na Convenção provisão sobre empresas privadas, o que faz incidir o art. VI do Tratado sobre a exploração do espaço cósmico, que estabelece a responsabilidade do Estado lançador.[20] Essa provisão deve alcançar também o lançamento de satélites, pois o Tratado se refere à exploração do espaço cósmico, sem especificar por que meio.

III.8 - O lançamento privado de naves espaciais

Se, inicialmente, a construção de naves espaciais impulsionadas por potentes e custosos foguetes somente era possível com recursos estatais, diante do alto custo do empreendimento, começam a surgir empresas que se dispuseram a fazê-lo com recursos próprios ou mediante financiamento, com reembolso garantido. As viagens iniciadas no século XXI foram pagas por passageiros enriquecidos, que arcaram com parte do custo elevado da empreitada. Foram viagens bem-sucedidas a confirmar a possibilidade de sua continuação. Inicia-se, com isso, nova etapa da exploração espacial, agora com a finalidade de explorar atividade empresarial de comunicações ou de turismo e não cientifica.

A novidade, surgida após a aprovação do Tratado sobre a Exploração do Espaço Cósmico, no final da década de 1960, já era previsível. A precaução sobre essa possibilidade levou a inclusão em suas disposições de regras gerais sobre o tema. A tônica que a presidiu foi a da manutenção da jurisdição do Estado sobre os responsáveis por lançamentos de foguetes espaciais e pelos seus efeitos no espaço extraterrestre.

À semelhança do regime do alto mar, em que os navios têm nacionalidade e registro em países que regem suas atividades, o mesmo

20 Artigo VI Os Estados partes do Tratado têm a responsabilidade internacional das atividades nacionais realizadas no espaço cósmico, inclusive na Lua e demais corpos celestes, quer sejam elas exercidas por organismos governamentais ou por entidades não-governamentais, e de velar para que as atividades nacionais sejam efetuadas de acordo com as disposições anunciadas no presente Tratado. As atividades das entidades não-governamentais no espaço cósmico, inclusive na Lua e demais corpos celestes, devem ser objeto de uma autorização e de uma vigilância contínua pelo componente Estado parte do Tratado. Em caso de atividades realizadas por uma organização internacional no espaço cósmico, inclusive na Lua e demais corpos celestes, a responsabilidade no que se refere às disposições do presente Tratado caberá a esta organização internacional e aos Estados partes do Tratado que fazem parte da referida organização.

critério foi adotado sobre o lançamento e utilização do espaço sideral. O lançamento de foguetes espaciais está sujeito à prévia autorização do Estado em que será realizada (art.VI)[21]. Manteve-se o vínculo de propriedade dos artefatos espaciais e a jurisdição do Estado em que foi lançado, com sua responsabilidade na ordem internacional por eventuais danos por eles causados a terceiros (arts. VII e VII)[22].

O Estado de registro do objeto lançado possui controle da atividade espacial dos responsáveis pelo seu lançamento, incumbido de exercer contínua fiscalização sobre a atividade espacial. É essa responsabilidade que lhe atrai o dever de fiscalizar e de indenizar danos causados por artefatos lançados sob sua jurisdição.

Há certa similitude entre o regime da exploração espacial e o da navegação marítima. As embarcações têm nacionalidade do país em que foram registradas e sujeitas a disposições da lei local. A legislação trabalhista e tributária mais favorável induz a decisão dos empreenderes para a escolha do país de registro do navio, bem como sua participação

21 Artigo VI - **Os Estados partes do Tratado têm a responsabilidade internacional das atividades nacionais realizadas no espaço cósmico**, inclusive na Lua e demais corpos celestes, quer sejam elas exercidas por organismos governamentais ou por entidades não-governamentais, e de velar para que as atividades nacionais sejam efetuadas de acordo com as disposições anunciadas no presente Tratado. As atividades das entidades não-governamentais no espaço cósmico, inclusive na Lua e demais corpos celestes, devem ser objeto de uma autorização e de uma vigilância contínua pelo componente Estado parte do Tratado. Em caso de atividades realizadas por uma organização internacional no espaço cósmico, inclusive na Lua e demais corpos celestes, a responsabilidade no que se refere às disposições do presente Tratado caberá a esta organização internacional e aos Estados partes do Tratado que fazem parte da referida organização. (negrito adicionado)

22 Artigo VII - Todo Estado parte do Tratado que proceda ou mande proceder ao lançamento de um objeto ao espaço cósmico, inclusive à Lua e demais corpos celestes, e qualquer Estado parte, cujo território ou instalações servirem ao lançamento de um objeto, será responsável do ponto de vista internacional pelos danos causados a outro Estado parte do Tratado ou a suas pessoas naturais pelo referido objeto ou por seus elementos constitutivos, sobre a Terra, no espaço cósmico ou no espaço aéreo, inclusive na Lua e demais corpos celestes.

Artigo VIII - **O Estado parte do Tratado em cujo registro figure o objeto lançado ao espaço cósmico conservará sob sua jurisdição e controle o referido objeto** e todo o pessoal do mesmo objeto, enquanto se encontrarem no espaço cósmico ou em um corpo celeste. Os direitos de propriedade sobre os objetos lançados no espaço cósmico, inclusive os objetos levados ou construídos num corpo celeste, assim como seus elementos constitutivos, permanecerão inalteráveis enquanto estes objetos ou elementos se encontrarem no espaço cósmico ou em um corpo celeste e durante seu retorno à Terra. Tais objetos ou elementos constitutivos de objetos encontrados além dos limites do Estado parte do Tratado em cujo registro estão inscritos deverão ser restituídos a este Estado, devendo este fornecer, sob solicitação os dados de identificação antes da restituição. (negrito adicionado)

na Convenção Internacional para a Prevenção da Poluição por Navios (MARPOL), de 1973. Essa Convenção estabeleceu princípios e normas para a eliminação de poluição por meio de substâncias danosas ao meio ambiente. Impõe restrições a que nem todos os países aderiram, com o intuito de atrair interessados no registro da embarcação, como é o caso do Panamá e da Libéria, dentre outros.

A diferença entre o regime da exploração espacial e do alto mar pode ser identificada no fato de a primeira estar sujeita à regulação internacional registrada no Tratado sobre a Exploração do Espaço Cósmico, enquanto o do oceano teve base costumeira ao longo de séculos, somente convertido em tratado com a Convenção do Mar, no século XX.

Ademais, o espaço extraterrestre não é ocupado apenas por naves tripuladas, como ocorre com o mar, no qual transitam somente embarcações conduzidas por navegantes. Grande parte da utilização do espaço sideral tem sido por artefatos não tripulados, como os satélites, sem a presença humana. Somente as estações é que são habitadas, por curtos períodos, por astronautas com formação técnica e condições físicas especiais. A responsabilidade por danos causados por satélites e por quaisquer outros artefatos é do Estado em que foram lançados. É o que foi estabelecido no Tratado sobre a Exploração do Espaço Cósmico. A responsabilidade internacional do lançador pode vir a ser definida por ato internacional, como ocorre em outras áreas, sobretudo as relativas a delitos tipificados no Estatuto do Tribunal Penal Internacional. A apuração dessa responsabilidade deve ser feita pelo Estado em que o lançamento ocorreu com aplicação do direito interno. Se o delito for classificado como contra a Humanidade, a jurisdição do Tribunal Penal Internacional incide, incumbindo-lhe iniciar o processo pertinente.

A navegação marítima sempre se caracterizou pela necessidade de extensa mão de obra não especializada. O afastamento do trabalhador de sua família, por longos períodos, também constitui agravante a dificultar a contratação de pessoal[23]. No passado também havia grande óbice na arregimentação de mão de obra, por vezes recrutada por meios

23 No Brasil, o Ministério do Trabalho editou a Portaria 21/2006, pela qual estabeleceu que a contratação de brasileiro, para prestar serviços no exterior, é necessário prévia autorização do Ministério do Trabalho, sob pena de caracterizar crime de aliciamento de mão-de-obra mediante fraude (art. 206, do Código Penal).

nem sempre idôneos, como lembra Fernand Braudel.[24] Marinheiros eram embebedados em tavernas nos portos e levados inconscientes a bordo. Quando despertavam se encontravam em alto mar. Foram tempos difíceis de embarcações à vela, movidas por vento a requerer trabalhos árduos, incessantes e perigosos, com alimentação nem sempre adequada, o escorbuto a rondar e a vitimar marinheiros. A literatura ilustra a prática. Jack London, no livro *O Lobo do Mar,* corrobora relato de Braudel. Náufrago passageiro de navio afundado é salvo por outro e vê-se obrigado a integrar o quadro de marinheiros com a prestação de trabalhos de que não estava acostumado.

Ao longo dos séculos registrou-se aprimoramento nos navios, dotando-os de tecnologia e de facilidades que amainaram as dificuldades de antanho. O intenso tráfego marítimo e sua utilização como rota comercial levaram os Estados a adotarem regras de conduta, como as objeto da Convenção Internacional para a Prevenção da Poluição por Navios (MARPOL), em 1973. Estabeleceu-se mecanismo para a eliminação de poluição por meio de substâncias danosas ao meio ambiente.

O contraste com a exploração espacial é enorme. Os voos tripulados contam com astronautas altamente treinados e especializados. São técnicos aptos a consertar avarias e a desenvolver pesquisas nestes tempos iniciais de exploração espacial. A continuidade da atividade tende a engajar maior número de pessoas e de trabalhos, sendo previsível surgirem questões jurídicas sobre a atividade. Nesta fase, atuam em caráter experimental, expondo os astronautas seus corpos a exames de efeitos da ausência de gravidade e outros. Não são meros tripulantes como os da navegação marítima, mas especialistas com tarefas precisas monitoradas à distância por centros de tecnologia avançada.

III.9 - O espaço sideral e o alto mar: um paralelo

A exploração do espaço sideral tem pontos similares aos da marítima do século XVI. O mistério do mar, como o estrelado do céu e a Lua, sempre fascinaram a humanidade. No mar, o desconhecido, o mistério da imensidão das águas, a habitação de peixes e de sereias imaginárias, a flora e a fauna marítima, as ilhas e arquipélagos isolados no meio do oceano, sempre despertaram curiosidade do ser humano e

24 FERNAND BRAUDEL, obra coletiva por ele organizada sob o título *La Mediterranée,* Arts et Métiers Graphiques, Flamarion.

atraiu aventureiros e exploradores.

Acontecimentos reais aguçaram a imaginação de escritores, como a colisão da baleia albina, a que se deu o nome de Mocha Dick com a baleeira Essex em 1820. O ataque provocara o naufrágio da embarcação, deixando sobreviventes à deriva em pequenos botes no alto mar por longo período. O canibalismo permitiu a sobrevivência de poucos. O escritor norte-americano Herman Melville (1819-1891) inspirou-se no episódio para escrever, em 1851, *Moby Dick*, que se tornou obra clássica, reproduzida no cinema. A literatura e o cinema são recheados de temas envolvendo imaginários tubarões e orcas gigantescos a fascinarem populações, impressionadas com cenas descritas por contadores de histórias e filmes de ação.

"Navegar é preciso, viver não é preciso" dizia Fernando Pessoa, a exaltar os grandes feitos portugueses no mar, reproduzindo frase atribuída à Pompeu, na condução de embarcações sob severa tormenta, carregadas de trigo para a Roma faminta. Júlio Verne, igualmente motivado pelo mistério das profundezas do oceano, escreveu no século XIX, "As 20.000 léguas submarinas" e "A Viagem ao centro da Terra" a dar asas à imaginação com a criação de narrativa sedutora. Seus livros ainda despertam atenção, a servirem de enredo a filmes de ficção com grande popularidade. O italiano Carlo Collodi criou Pinóquio que resgatou seu criador Gepeto das entranhas de uma baleia cachalote chamada Monstro. O conto publicado em 1883 tornou-se célebre, moldando, como símbolo do mentiroso, o nariz a crescer a cada mentira. É o fascínio pelo desconhecido do mar e de seus habitantes a aguçar o imaginário de escritores.

A arte do cinema complementa a literatura com filmes de aventuras espaciais com efeitos especiais de grande tecnologia. A invasão de alienígenas, objetos voadores não identificados, os conhecidos OVNI, e temas similares focalizados em filmes, estimulam pesquisas e produções científicas. O tema da guerra no espaço com aeronaves aparelhadas com dispositivos de ataque com raios laser e aplicativos sofisticados tem sido explorado a salientar característica da natureza humana de provocar conflitos armados em todos os tempos e lugares. Não foi por acaso que o Tratado sobre a Exploração do Espaço Cósmico destaca essa preocupação, ao abolir o uso de armas, a denotar realismo sobre a natureza humana e sua inclinação à guerra. Não se sabe se o preceito será respeitado diante do histórico do comportamento do ser humano ao longo da História.

O Tratado não previu o desenvolvimento da tecnologia e a intervenção nas atividades espaciais de ações desvinculadas dos Estados. Embora tenha estabelecido a responsabilidade do Estado de onde provém o artefato espacial, não há preceito sobre lançamentos de procedência não identificada. Presume-se que essa identificação seria sempre possível, para definir a responsabilidade do Estado em que se localiza o lançador. Essa identificação, todavia, poderá ser dificultada, diante de técnicas dissimuladoras de localização que venham a ser desenvolvidas. Tal como os piratas no passado, que assaltavam navios e pilhavam passageiros e carga e se refugiavam em locais distantes das metrópoles, a pirataria no espaço sideral é similar, embora com contornos distintos. Pirataria em sido definida como assalto de navio em alto mar, fora da jurisdição de qualquer país. O que motiva o pirata é a obtenção ilegal de recursos da vítima em alto mar, sem caráter ideológico ou político. Distingue-se do ato terrorista, movido por motivos políticos, religiosos ou ideológicos.

O espaço sideral tem sido usado por ações ilegais com a interferência de sinais, bloqueio de comunicações, ou espalhamento de vírus a contaminar computadores. Os responsáveis por tais atos têm sido denominados *hackers,* termo inglês que se popularizou, a significar pessoa que usa computadores como diversão para incomodar terceiros, ou para ter acesso não autorizado a informações ou a dados pessoais, com propósitos criminosos.[25]

A prática tem se estendido em todos os países, registrando-se interferência no processo eleitoral, com a divulgação de notícias falsas, a influir no eleitorado. Além disso, a invasão de sistemas de computação, com a propagação de vírus a atrapalhar ou impedir o uso de computadores nem sempre é obra de adolescentes inconsequentes em busca de diversão. A prática fez surgir empresas que se dedicam a desenvolver processos antivírus para proteger usuários, cujos dados e informações podem ser captadas e usadas para fins ilícitos. O acesso a contas bancários, fundos, aplicações financeiras, informações sigilosas de empresas é alvo dessa prática, a compelir empresas que desenvolvem programas de

---

25 Conforme *The Concise Dictionary of Current English,* The Easton Press, Newark, Connecticut, 9ª edição, 1995.

computadores a adotar procedimentos cautelares para se protegerem e a seus usuários. Da mesma forma, ações que bloqueiam o acesso à Internet, a impedir o funcionamento de instituições, hospitais, empresas e estruturas estatais tem sido reportadas de tempos em tempos.

A ação de *hackers* está sob jurisdição do país em que operam, como previsto no Tratado sobre Exploração do Espaço Cósmico.[26] Todavia, nem sempre é possível localizar os responsáveis, cobertos por procedimentos que lhes asseguram clandestinidade e impunidade. É ação de pirataria similar à adotada no passado, em que piratas atuavam em locais inacessíveis, distantes dos centros de controle dos Estados. A ação de piratas nas Caraíbas, no século XVI pode fornecer exemplo da prática e da impunidade de piratas nelas abrigados Era local distante das metrópoles afetadas, a dificultar ações repressivas. A repulsa generalizada contra piratas fez desaparecer a prática, como possivelmente venha a ocorrer com a dos *hackers*, diante da sofisticação da tecnologia a impedir ou a dificultar-lhes o acesso de dados não autorizados.

Tal como no século XVI, em que piratas receberam carta de corso, a autorizá-los a agir em nome da rainha da Inglaterra, atualmente dados sigilosos de governos tem sido objeto de acesso por agências governamentais estrangeiras. Tornou-se emblemática a ação do antigo técnico da CIA, Edward Snowden, acima referido, por ter revelado programas de vigilância da agência norte-americana para espionar a população americana e chefes de Estado de países estrangeiros. Dentre eles a presidente do Brasil que, ciente do fato, cancelou viagem oficial àquele país. A divulgação dos procedimentos da agência americana e a ação de outros países, para obter informações sobre autoridades estrangeiras ou a influir no processo eleitoral tem similitude com as patrocinadas pela Inglaterra no século XVI. Em ambos os casos a ação ilegal foi patrocinada por órgãos oficiais contra países estrangeiros.

Outro caso que polarizou a atenção da imprensa mundial foi a do jornalista Jules Assange, fundador de WikiLeaks, com características diversas. Os atos pelos quais foi processado pelos Estados Unidos di-

26 Há três tipos de *hackers,* os *white hackers,* técnicos que usam conhecimentos para proteger usuários e redes de ações criminais. *Black hats,* usam técnicas similares para causar danos a alvos específicos e roubar dados pessoais para ganhos ou ataques a empresas. Empreendem atividades criminosas. *Grey hats* vândalos, que criam problemas técnicos para os resolver, mediante remuneração. Cfe. Wendy Zamora, Agosto de 2018, in https://blog.malwarebytes.com/cybercrime/2018/08/under-the-hoodie-why-money-power-and-ego-drive-hackers-to-cybercrime.

zem respeito à divulgação de documentos oficiais sigilosos, dentre os quais informações sobre ataque aéreo a Bagdá, registros de guerra do Afeganistão e do Iraque e o CableGate. Não se tratou, pois, de caso de pirataria contra país estrangeiro, como o anterior, e sim de jornalista que divulgou informações oficiais sigilosas.

O paralelo entre as duas explorações de locais desconhecidos – o alto mar e o espaço sideral - no intervalo de quatro séculos, revela o amadurecimento da Humanidade no correr desse período. O temor da destruição do planeta pela ação humana, talvez tenha despertado a consciência da necessidade de mudança no regramento da conduta das autoridades estatais e das populações em geral.

As descobertas do século XVI estavam abrigadas sob o manto do Estado e do Direito Internacional em formação, com a prevalência da soberania atribuída a cada um. As terras descobertas, *res nullius,* coisa de ninguém, pertenciam a quem as descobrisse ou conquistasse, a despeito das populações dela habitantes. Eram povos desprovidos de proteção das normas de Direito. Eram considerados primitivos, incapazes de se autogovernarem, segundo entendimento da época, que perdurou ainda quando da constituição da ONU, em 1945, como estabelecido nos artigos 73 a 91 da Carta que a instituiu. Somente em 14 de dezembro de 1960 reconheceu-se a independência dos povos submetidos ao regime de tutela, por meio da Resolução 1514 (XV) da Assembleia Geral da ONU, que aprovou a “Declaração sobre a Concessão da Independência aos Países e Povos Coloniais”. Foi complementada pela de nº 1.541 (XV) da Assembleia Geral que estabeleceu princípios a serem observados no processo de descolonização.

No século XX, as expedições ao então desconhecido espaço sideral foi precedida de convenção internacional a considerar o espaço cósmico, a Lua e os demais corpos celestes *res communis,* insuscetível de apropriação por declaração de propriedade ou de soberania. A autodeterminação dos povos alterou o antigo tratamento dado a civilizações não ocidentais e a Humanidade foi alçada à sujeito de Direito Internacional, a prevalecer sobre os Estados, religiões, culturas e civilizações. As resistências ainda registradas tendem a ser superadas, impulsionadas pela tendência a ser fortalecida ao longo do tempo.

O século XVI, igualmente, foi rico em novidades. Foi período no qual se inventou a imprensa, fez-se a tradução da bíblia para o alemão e para o inglês, retirou o monopólio de sua interpretação pelos mosteiros, descobriu-se o Novo Mundo e a astronomia constatou ser a Terra redonda a gravitar em torno do sol. A Renascença revolucionou as artes e a religião ainda predominava com poder de influir condutas.

No século XX inventou-se o avião, foguetes para lançamentos espaciais, a Internet, a popularizar as comunicações e conhecimentos, aproximou povos, reduzindo o poder estatal sobre fronteiras. A Humanidade foi para o espaço extraterrestre e os Estados tiveram a noção de soberania reduzida, com o ingresso na Ordem Internacional, das organizações internacionais, das organizações não governamentais e dos complexos empresariais como novos atores. A Arte contou com nova modalidade, o cinema, e se reinventou. As armas de destruição em massa tornaram-se fonte de preocupação geral, com a possibilidade de extinção do ser humano e destruição do próprio planeta. No passado, dizia-se que, enquanto houver honra, o duelo existirá. Era época em que se travavam por meio de espadas, em que os duelistas podiam sofrer ferimentos não mortais. Feria-se na refrega e a honra estava salva. Quando se inventou o revólver, os duelos podiam resultar em morte do contendor atingido e desapareceram. Duelar na atualidade beira ao ridículo. É possível que o mesmo efeito venha a ocorrer com as armas de destruição em massa, diante de seu cunho destrutivo a abranger não apenas o inimigo, mas a própria população e de aliados. É possível que esse temor tenha refreado chefes de Estados com inclinações guerreiras a usá-las,

A exploração do espaço sideral começa a ser enxergada como alternativa à eventual hecatombe nuclear resultante de atos de autoridades governamentais. O paralelo entre os dois séculos, se expõe similitudes, faz ressaltar diferenças e estágio do comportamento humano. Revela o quanto a Humanidade evoluiu nesse curto período de quatro séculos, a inspirar confiança na sua continuidade, com o aprimoramento do ser humano e da consciência da necessidade de preservar o planeta e respeitar os Direitos Humanos de todas as populações.

A persistência na exploração espacial é indicativo seguro de que a Humanidade continua a procurar caminhos e alternativas para abrigar as gerações vindouras. Notícia em meados de 2024 revela a atividade silenciosa de cientistas em trabalho incessante, com resultados surpreendentes como a da Sonda espacial lançada pela espaçonave Voyager 1 há 47 anos, com transmissor inativo desde 1981. Está a 24 bilhões de kms da Terra e usa transmissor de rádio antigo. Após interrupção das comunicações, voltou a estabelecer contato com a Nasa, provocando entusiasmo nos engenheiros a se porem a trabalhar para descobrir a causa da interrupção.[27]

27 https://stories.cnnbrasil.com.br/tecnologia/missao-da-nasa-encontra-pistas-do-que-tornou-marte-inabitavel/

CAPÍTULO FINAL

A Humanidade tomou consciência das limitações do planeta e do aumento demográfico acelerado. Atualmente, ano 2024, são 8 bilhões de pessoas, com perspectivas de alcançar 10,43 bilhões até década do 2080, quando poderá iniciar redução gradativa, em virtude de políticas de controle de natalidade. Os efeitos no Brasil são coerentes com a evolução do planeta. A população brasileira, em 2024, segundo levantamento do Instituto Brasileiro de Geografia e Estatística (IBGE), em julho de 2024, é de 212.583.750. Salto significativo, a se comparar com o número de habitantes de 1970: 94.508.583. É mais do que o dobro em apenas 50 anos, a revelar a velocidade com que a população cresce. Os jovens têm-se casado mais tarde, formando famílias com menos filhos. Mesmo assim, o crescimento populacional é uma realidade, com o aumento do número de idosos acima de 70 anos. Não causa mais espanto notícia de pessoas com mais de cem anos. A China, na década de 1970, havia tomado medidas para controlar o aumento da população, impondo a regra de um filho por casal. A partir de 2016 reverteu a medida, admitindo maior flexibilidade diante do envelhecimento da população, com sobrecarga para a juventude.

O efeito do aumento generalizado da população se refletiu principalmente nas grandes cidades, com pessoas emigradas do meio rural. Tornam-se caóticas, com acumulação de lixo, entupimento de esgotos a provocar inundações, além da poluição generalizada.

Esse o quadro com que a Humanidade se defronta nessa segunda década do século XXI, ainda às voltas com guerras regionais e ameaças latentes de as transformar em guerra total, com uso de artefatos nucleares. É ameaça frequente de que se valem potências nucleares em suas investidas guerreiras, ao serem confrontadas com a repulsa da comunidade internacional.

O antagonismo derivado da guerra comercial entre Estados Unidos e China evoluiu para dar nova configuração à Ordem Internacional, opondo países do Ocidente oriundos do longínquo Império Romano, congregados na OTAN e os que gravitam em sua órbita, nem sempre homogêneos entre eles, com os do Oriente, capitaneados pela China, Coreia do Norte, Rússia, Bielorrússia entre outros. Há certa configuração nova que ora se delineia, a substituir a Guerra Fria do pós guerra. Pode ter sido o começo de rivalidade cujo foco principal é de natureza econômica e comercial. As empresas chinesas avançam em detrimento das ocidentais alcançando mercados estratégicos, sobretudo das comunicações e da informação e o desenvolvimento da Inteligência Artificial, sob liderança absoluta das empresas norte-americanas. O aparecimento da tecnologia de comunicação DeepSeek desenvolvido por empresa chinesa, de uso gratuito, com uso de código aberto, assustou o grupo de empresas da tecnologia da informação, fazendo despencar abruptamente o valor das suas ações. Foi duro golpe no orgulho e no valor das empresas ocidentais a se defrontarem com o avanço tecnológico dos empresários chineses.

Afora esse aspecto a rondar a Humanidade em todos os tempos, a Ordem Internacional deixou de ser regida apenas pelos Estados, na antiga estrutura do Direito Internacional. Todos são dotados de jurisdição e, assim, aptos para estabelecer normas de Direito. Todavia, o extenso número de Organizações Internacionais mudou o cenário, ao serem elas também autoridades com poder jurisdicional. O Tribunal Penal Internacional tem julgado casos de violações de Direitos Humanos, crimes contra a Humanidade e Crimes de Guerra, com eficácia a alertar autoridades nacionais sobre as limitações de seus poderes. Não há mais soberania e imunidade de jurisdição de autoridades estatais. Tendem a prevalecer os valores e princípios incorporados na Humanidade a governar a Ordem Internacional caduca. Dentre eles os estabelecidos Declaração Universal dos Direitos Humanos, de acatamento geral. A dinâmica social, em processo contínuo, reconheceu-lhe direitos e prerrogativas a pairar sobre as facções em que se divide.

A Convenção do Mar é emblemática. Ao reger espaço pelo qual transitam todos os países e empresas de navegação privadas deixa claro tratar-se de bem da Humanidade. O seu artigo 136 esclarece ser "patrimônio comum da Humanidade o leito do mar, os fundos marinhos e seu subsolo e seus recursos situados além da jurisdição nacional" (a Área, definida no art. 1.1). Como indicado no texto, outras convenções internacionais ratificam ser a Humanidade a beneficiária de disposições acordados pelos Estados. A Convenção para a Repressão ao Crime de Genocídio, firmada em 11.12.1948 e o Estatuto do Tribunal Penal Internacional são alguns dos instrumentos, dentre outros, que indicam a Humanidade como destinatária das suas normas[1].

O desenvolvimento das relações internacionais e os exageros cometidos por autoridades estatais fizeram surgir as Organizações Não Governamentais, como reação da Sociedade Civil em defesa do interesse público nacional e internacional. Sua ação, de caráter transnacional, tem, por vezes, atraído a reação raivosa de Estados, com iniciativas para as evitar.

Nesse quadro jurídico com foco nas relações internacionais mantém-se componente que sempre influiu nas relações sociais: a Religião. Continua presente em todas as civilizações com maior ou menor destaque. Embora tenha sido subjugada pela Economia como força política, não desapareceu. Persiste. A crença religiosa faz parte da natureza humana, como pode ser deduzido pelos cultos religiosos de todos os tempos e em todas as civilizações, dos silvícolas aos povos mais cultivados, dos gregos e romanos aos dias atuais, no Ocidente, no Oriente, nos povos da África e da Oceania. Dela deriva o papel de sacerdotes, pessoas investidas, ou auto investidas, de poder de ligação com a divindade, em pregações amparadas em citações de livros religiosos.

Nem sempre esse poder foi usado sem intenções de benefícios materiais. Por vezes tem sido empregado para o exercício de puro poder político, para legitimar posição de mando, de autoridade a se impor à comunidade. A história da Igreja Católica, por ser a mais antiga instituição religiosa organizada e dotada de estrutura de Estado, é rica em exemplos a revelar comportamentos inadequados de prelados e de autoridades eclesiásticas superiores despidos dos cânones pregados.

O aspecto negativo dos atos nefastos do passado, contudo, são ignorados e superados pelo aparato da Igreja. Prevalecem exemplos

1 Sobre o tema, vide JOSÉ CARLOS DE MAGALHAES, *Direito Econômico Internacional*, Juruá, Curitiba, 2 ª edição, p 35-59 e GUIDO FERNANDO SILVA SOARES, *Direito Internacional do Meio Ambiente*, Atlas, São Paulo, p. 2001, p. 265

do comportamento de santos a inspirar devotos e contrariar e mitigar efeitos de mazelas de autoridades eclesiásticas em todos os tempos. As catedrais milenárias e igrejas ornamentadas com obras de arte, com seus vitrais e pinturas com cenas a exaltar vidas de santos e o culto religioso, por vezes, até com símbolos de mitos irreverentes, propiciam ambiente de respeito, de recolhimento, devoção e de proximidade com a população.

Os templos das religiões de vocação universal, como as cristãs, islâmicas e budistas estão abertos a todos, sem discriminações e exigências que não a de certo decoro em vestimentas. É o que lhe confere a imagem de universalidade. Embora a proteção divina seja restrita a batizados dos católicos, acolhe a todos que adentram a suas portas para assistir ao culto da missa ou simplesmente para nelas permanecerem em meditação, envoltos no silêncio e paz do local. No Brasil, igrejas antigas do interior do país exibem esculturas folheadas em ouro, abrigadas em nichos nas paredes e no altar, como demonstração de adoração e respeito de devotos aos santos nelas simbolizados. É a estética da arte associada à riqueza em homenagem a símbolos sagrados. São construções que permanecem no tempo, disseminadas em todos os países adeptos da fé cristã, a demonstrar fidelidade ao ideário religioso das populações dos locais em que foram erigidas.

O deslocamento de multidões de muçulmanos em direção à Meca, na época do Ramadão, como cristãos no círio de Nazareth, em Belém do Pará, no Brasil, ilustra a presença forte da religião em tempos de tecnologia, de predominância da economia e da técnica. No interior do Brasil, registra-se a organização de festas locais para celebrar datas, com danças ritmadas e cultos a envolver procissões, danças e cantos. Dentre elas pode-se lembrar as festas do Bumba Meu Boi, do Caiapó, do Congado, do Peão Boiadeiro, além das conduzidas pelas religiões do Candomblé e Umbanda, com seu sincretismo católico.

Como quer que seja, o poder da divindade é ainda forte na população de todo o planeta, suficiente para impor comportamentos sociais e repelir práticas contrárias a dogmas e preceitos dela advindos. Daí advém o poder dos sacerdotes, ampliados pela televisão, a dispensar o comparecimento a cultos, assistidos no recesso dos lares.

O atual foco no sucesso econômico, por vezes condenado pelo vezo materialista que o caracteriza e implicar comportamentos despidos de espiritualismos, todavia, é menos danoso do que fanatismos e superstições que a religião propicia. Os costumes do passado não muito longínquo de perseguições religiosas, de sofrimentos impostos a pessoas de credos diversos do predominante, dos mitos e dogmas misteriosos parecem ter sido superados, ou mitigados. É verdade que outros males se sucederam, no ciclo interminável da História, a revelar nódoa a caracterizar o comportamento humano em todos os tempos. A guerras eclodidas na década de 2020 e as anteriores deste mesmo século XXI põem a Humanidade em xeque consigo própria.

A exploração espacial, por sua vez, abre outra vertente nas relações humanas, com o ingresso de empresas privadas na aventura e de países como a China e Índia, que lançou foguete que alunissou no lado escuro do satélite. A China instalou estação espacial tripulada na qual astronauta permaneceu por longo período, cujo retorno foi divulgado, sem grande alarde. Essa ampliação de partícipes na exploração do espaço cósmico não se restringe ao envio e monitoramento de satélites artificiais a prover mecanismo de comunicação para todo o globo terrestre. A iniciativa privada se imiscuiu na empreitada com a construção de foguetes para o envio ao espaço cibernético aeronave com turistas enriquecidos a bordo a prover recursos para viagens de curiosidades. É etapa inicial que pode se desenvolver para outras mais audaciosas e abrangentes.

Na esfera das atividades espaciais pode-se incluir o lançamento e o uso de satélites artificiais por empresas privadas de comunicações. Tornaram-se instrumento de ampliação de poder econômico, tecnológico e político dos controladores das redes sociais, alimentadas por satélites artificiais. Embora os efeitos das ações deles derivadas se restrinjam, por enquanto, às operações no planeta, estão ligados, na origem, aos instrumentos ativos alocados no espaço cósmico. Não deixa de ser uma das modalidades do uso do espaço sideral pelas empresas privadas. O poder por eles alcançado, como integrantes do grupo apodado das *big tech*, tem afrontado autoridades estatais nos países democráticos. Em sua grande maioria são empresas norte-americanas, ao lado de chinesas (Tik Tok, ByDance Ltd e Alibaba Group Holding), da holandesa Booking Holding e da alemã Zalando SE.

No Brasil esse confronto tem ocorrido com o Poder Judiciário, atento ao cumprimento de leis brasileiras reguladoras da atividade. A resistência em alguns casos tem sido objeto de sanções econômicas, com imposição de multas. O alarde internacional a que se socorrem, com imputações de censura e limitação à liberdade de expressão, visam a constranger autoridades estatais responsáveis pelo controle das atividades dessas redes.

Seus controladores têm-se destacado como pessoas dotadas de grande poder político e econômico a transitarem nos meandres da Ordem Internacional à maneira de chefes de Estado, como dirigentes autocráticos de entidades sob seus comandos. Reações de alguns países, como Índia, Irã e China, procuram defender-se, ao impedirem o acesso ao seu território de algumas redes sociais ocidentais, como indicado no texto. Ao fazê-lo, provocam críticas com alegação de restrição à liberdade de expressão e de imposição de censura, em contraposição às questões de segurança nacional e de influência deletéria nas populações. O uso de *chips* importados tem sido alvo de atenção, diante do risco de conterem dispositivo embutido a possibilitar extração de dados a alimentar espionagem e coletar informações confidenciais.

Como já referido no texto, a União Europeia procura defender-se por meio de leis reguladoras da atividade, como o Regulamento Geral de Proteção de Dados, de 2016. Em 2022 duas outras leis foram aprovadas, a Lei de Serviços Digitais (Digital Services Act – DSA) e a Lei do Mercado Digital (Digital Markets Act – DMA). Esse conjunto normativo aplica-se a empresas de comunicação que atingem público de cerca de 45 milhões de habitantes, ou seja, 10% dos integrantes da União Europeia, deixando de lado as de menor número de usuários. O objetivo maior pretendido é o de proteção dos consumidores, por meio transparência e responsabilidade dos provedores de serviços digitais. Procura-se, com essas medidas, evitar conteúdos ilegais e de disseminação de desinformação ou de notícias falsas.

No Brasil, a preocupação com a ação das empresas de comunicação digital, provocou reações do Congresso. A Emenda Constitucional nº 115, aprovada em 10/02/2022, é resultado disso. Acrescentou ao rol dos direitos e garantias constitucional, o direito à proteção dos dados pessoais, inclusive nos meios digitais (art. 5º LXXIX da Constituição Federal). A essa norma constitucional se acrescem a Lei do Marco Civil da Internet e a Lei Geral de Proteção de Dados LGPD, formando conjunto legal a regular a atividade no país.

As principais empresas administradoras das grandes redes sociais reagem a essa regulamentação, sempre sob a alegação de censura e cerceio à liberdade de expressão. É embate que promete durar algum tempo até que se alcance harmonia de posições e segurança jurídica no exercício de atividade de grande repercussão social, econômica e política.

BIBLIOGRAFIA

A. de B. KAZIMIRSKI *Introdução* do livro *Le Coran,* Jean de Bonnot, Paris, MCMXCIII

ALPHONSE DAUDET, *Les Étoiles,* in *Lettres de Mon Moulin,* Flammarion

ANDRÉ DE CARVALHO RAMOS, *Processo Internacional de Direitos Humanos,* Saraiva, São Paulo, 4ª edição, 1969,

ANDRÉ MAUROIS em *Les Silences du Colonel Brambles* et *Les Discours du docteur O'Grady,* Nova Iorque, Bretano's, Inc., 1943

ANTHONY JAY, *The corporation man,* Pocket Books, March, 1973

BERTRAND RUSSEL- *O Poder, uma nova análise social,* Cia. Editora Nacional, 1957

BERTRAND RUSSEL, *Religião e Ciência,* Funfec Editora, 2009.

BRAD SMITH e CAROL ANN BROWNE, *Tools and Weapons – The promise and the peril of the digital age* – Peguin Press, Nova Iorque, 2019

BRIAN MOYNAHAN, *Camaradas – 1917 – Rússia em revolução,* Grua Livros, São Paulo, 2017

CALDAS AULETE, *Dicionário Contemporâneo da Língua Portuguesa,* Editora Delta, volume IV, Rio de Janeiro, 1958.

CARL G. JUNG, *Psicologia e Religião,* Editora Vozes, Petrópolis, Rio de Janeiro, 1999, 6ª edição

CARLO GISBURB, *O queijo e os vermes,* Companhia de Bolso, Rio de Janeiro, 2006.

CELSO LAFER, *Direitos Humanos – Um percurso no Direito no Século XX* , Gen/Atlas, 1, São Paulo, 2004,

CELSO LAFER, *Filosofia e Teoria Geral do Direito – Um Percurso no Direito no Século XXI,,* Gen/Atlas, São Paulo, 2004

CHARLES SCHMIDT, *Histoire des Cathares,* Jean de Bonnot, Paris, MCMXCVI.

COSTIGA BRADATAN, *Morrer Por Ideias,* Grua Livros, 2015, São Paulo

DAVI KOPPENAWA e BRUCE ALBERT, *Queda do céu – Palavras de um Xamã*

Yanomami, Companhia das Letras, São Paulo

EDWARD GIBBON, *The Decline & Fall of the Roman Empire*, Edição resumida, Bonanza Books, Nova Iorque, 1985

EDWARD GIBBON, *The Decline & Fall of the Roman Empire*, The Modern Library, Nova Iorque.

FERNAND BRAUDEL (org.) *La Mediterranée,* Arts et Métiers Graphiques, Flamarion.

FRÉDÉRIC ROUVILLOIS, *A história da polidez,* Grua Livros, São Paulo, 2006.

FRANÇOIS-RENÉ CHATEAUBRIAND, Études Historiques, in J. J. E. ROY, *Histoire Singulière de la Chevalerie*, Jean de Bonnot, Paris, MCMXCIII

FUSTEL DE COULANGES, *La Cité Antique Étude sur Le Culte, Le Droit, Les Institutions de la Grece et de Rome*,The Project Gutemberg, Ebook,,2005.

GIORGIO PERRINI, *Les aveux de Templiers,* Jean de Bonnot, Editor, Paris, MCMXCII

GUIDO FERNANDO SILVA SOARES, *Direito Internacional do Meio Ambiente*, Atlas, São Paulo, p. 2001

GUIMARÃES ROSA, *Grande Sertão: Veredas,* Cia. das Letras, 22ª edição, 2019

HENRY M. PAULSON, Jr., *Dealing with China,* Headline, Inglaterra, 2015

Herbert W. Briggs, *The Law of Nations,* Appleton Century-Crofts, Nova Iorque, 1938.

Hermann Oldenberg, *BOUDHA – vie et religion*, Jean de Bonnot, Paris, 1998.

HUGH BOWDEN, *Mystery cults in the ancient world,* Thames & Hudson, Londres, 2023

HUGO GRÓCIO, *O Direito da Guerra e da Paz,* Editora Unijui, 2004, Rio Grande do Sul, coordenado pelo Prof. Arno Dall Ri Júnior.

Ingrid Rowland, *Giordano Bruno, Philosopher/Heretic,* Nova Iorque, Farrar Strauss e Giroux, 2008.

J. L. Brierly, *Direito Internacional,* Fundação Calouste Gulbenkian, Lisboa, 1963.

JEAN-CLAUDE CHESNAIS, *A Vingança Do Terceiro Mundo*, Espaço e Tempo, tradução de A. Bastos, 1989.

JEREMY SCAHILL, *Blackwater – A Ascenção do Exército Mercenário mais Poderoso do Mundo*, Companhia das Letras, São Paulo, 2008.

JOHN F. PRIEST, “Miths and Dream in Hebrew Scripture”, in *Myths Dreams and Religions,* coordenado por Joseph Campbell, Spring Publications, Inc., Dallas, Texas

JOHN LUKACS, *Uma Nova República – História dos Estados Unidos no Século XX.* Rio, Ed. Jorge Zahar, 2006

JOHN O'SULLIVAN, *O Presidente, o Papa e a Primeira-Ministra. A parceria que venceu a Guerra Fria,* LVM, 2ª edição, São Paulo, 202.

Jornal *El Pais*, Espanha, de 03 de abril de 2019

JOSÉ CARLOS DE MAGALHÃESM *Direito Econômico Internacional,* Juruá, Curitiba, 2ª edição, 2017.

JOSÉ CARLOS DE MAGALHÃES, *Direito Internacional Contemporâneo e suas Repercussões no Direito Interno,* Almedina, São Paulo, 2023.

JOSÉ CARLOS DE MAGALHÃES, *O mundo como empresa global,* Grua Livros, São Paulo, 2016.

JOSÉ CARLOS DE MAGALHÃES, "A aplicação extraterritorial de leis nacionais" *Revista de Direito Público*, São Paulo, 1983.

JOSEPH CAMPBELL, *Isto és Tu, Redimensionando a metáfora religiosa,* Landy Editora, São Paulo, 2002

LA PRADELLE, "La Question Chinoise", in Revue Génerale de Droit International, vol. 8, Paris.

LEONARD LUERAS, *Bali – The Ultimate Island,* Times Editions, Singapore, 1987

LIONEL GILES, *Introduction,* in *The Analects of Confucius,* The Easton Press, Norwalk, Connecticut

MARCEL BRION, *Les Médicis,* Edition Albin Michel, 1969, Novara, Italia.

OXFORD, *The Concise Dictionary of Current English*, The Easton Press, Newark, Connecticut, 9ª edição, 1995.

MÁRCIO FAGUNDES DO NASCIMENTO, *Uma perspectiva sobre a privatização do emprego da força por atores não estatais no âmbito multilateral,* Fundação Alexandre de Gusmão, Brasília, 2010;

NORBERTO BOBBIO, *Estado, Governo, Sociedade – Para uma teoria geral da política.* São Paulo, Ed. Paz e Terra, 3ª edição

P. W. SINGER, *Corporate Warriors – The Rise of the Privatized Military Industry*, Cornell University Press, Ithaca e Londres;

PAULSON, Jr. HENRY M., *Dealing with China,* Headline, Inglaterra, 2015.

PIERRE ZACONE, *Histoire des Societés Secrètes*, Jean de Bonnot, Editor, Paris, MCMXCV

SIDARTA RIBEIRO, *O Oráculo da Noite – A história e a ciência do sonho,* Companhia das Letras, 3ª reimpressão, 2009, São Paulo.

STEPHEN LAU, *Assim Nasceu Portugal – Os Reis da Reconquista Portuguesa*, Texto Editora, 2011, Alfragide, Portugal

SUSAN RONALD, *A Rainha Pirata*, tradução de Mário Dias Correia, Editora Harper Collins, 1ª edição, 2008

The Analects of Confucio, The Easton Press, Norwalk, Connecticut, 1976.
TIM PARKS, *Medici Money,* Atlas Books, Nova Iorque, 2005
YUVAL NOAH HARARI, *Nexus – Uma breve história da informação, da Idade da Pedra à inteligência artificial,* Companhia das Letras, São Paulo, 2024
WALTER FRIEDRICH OTTO, *Teofonia,* Odysseus Editora, São Paulo, 2006
WINSTON S. CHURCHILL, *A History of English-Speaking Peoples – The Birth of Britain,* Collector Edition, The Easton Press, Norwalk Connecticut, 1984, vol. I